AF452226

CALIFORNIEN
CALIFORNIA

LES AMOURS DE GARNISON.

LES AMOURS

DE GARNISON.

MANUSCRIT TROUVÉ DANS LE PORTEFEUILLE D'UN VIEUX CAPITAINE DE DRAGONS.

Un militaire en Garnison,
Fait seulement le service du con,

AUX INVALIDES.

CHEZ LE GARDIEN DU DOME.

Les Amours de Garnison.

J'ai cinquante-cinq ans, je ne bande plus que par artifice ; ma gouvernante me branle tous les dimanches pendant la grand'messe, elle s'imagine y assister : cela ne me surprend pas, c'est la foi seule qui nous sauve. Mes lecteurs diront : le vieux nom de Dieu avait encore une certaine dose de religion.

Je fous la vieille Christine tous les semestres, ce qui fait deux fois par an ; c'est assez honnête, et elle attend toujours ces deux époques mémorables avec impatience.

Enfin vaille que vaille, je m'en tire ; pour me désennuyer, puisque je ne vis plus que de souvenirs, offrons au public quelques-unes de ces nombreuses aventures amoureuses de garnison, dans lesquelles j'ai joué un rôle.

Choisissons les plus saillantes, celles où les vits et les cons ont brillé d'un certain éclat.

La capitale révendique avec raison, la priorité et la suprématie, pour tout ce qui tient au grand art de la fouterie; elle a certainement tant au masculin qu'au féminin des amateurs du plus grand mérite, et des professeurs d'une célébrité reconnue et méritée, dans toutes les classes de la société; mais nous prouverons à l'orgueilleuse ville de Paris, que dans les départemens, ou si on le veut dans la province, on fout aussi bien que sur les rives de la Seine: que la volupté y a des temples, des autels très fréquentés; que les hommes bandent et foutent au mieux; que les femmes sont possédées de la rage de con et du cul, et qu'Hercule lui-même avec ses cinquante travaux, perdrait peut-être sa vigueur et s'userait la pine, en se mettant les couilles à sec, avant que de s'entendre dire : Mon ami, c'est assez, je n'en puis plus, retires ton vit. Eh! quelles sont donc ces héroïnes de fouterie! ces amazones du con! Quel heureux pays les a vu naître, et quelle contrée illustre les possède!...

Mes chers lecteurs, c'est une contrée de la France où la gourmandise est également professée avec succès et acharnement, en un mot, c'est dans le Maine; pays des poulardes et des chapons, où les hommes ne ressemblent pas à ces oiseaux gras et dodus; car ils ont des vits de bonne qualité en longueur et grosseur, et des couilles ou testicules très juteuses et bien rebondies. Ce fut donc dans cette terre de promission que le régiment de dragons de Monsieur, frère du roi Louis XVI, reçut l'ordre de se rendre pour y tenir garnison, quelques années avant la révolution de 1789.

J'étais capitaine dans ce régiment. Nous arrivâmes au Mans, où nous fûmes reçus à bras ouverts; monsieur avait cette province en apanage, et vous devez penser que son régiment fut bien accueilli: on croyait honorer le prince, en nous comblant de politesse et d'égards.

La haute société s'empara des officiers ainsi que la bourgeoisie; les maréchaux-de-logis se poussèrent dans le commerce, et les dragons se partagèrent les ouvrières et les grisettes. Chacun eut à-peu-près son lot.

Les premiers temps se passèrent en politesses, il fallait se connaître; mais bientôt on abolit l'étiquette et le cérémonial. Les rendez-vous se donnèrent, les liaisons se formèrent, les robes se troussèrent, ainsi que les jupons; les boutons de culottes sautèrent, les vits et les cons furent en présence et tout le monde foutit à tirelarigo: chacun trouva chaussure à son pied.

Je ne veux pas dire pour cela que les jolies femmes du Mans n'avaient pas de vertu, de sagesse, et mille autres qualités aimables ; mais leurs maris ne les baisaient pas assez souvent. Les jeunes gens étaient un peu niais, il eût fallu leur dire : Fous-moi donc, prends-moi cela, et cela coûte toujours un peu à une femme ; au lieu, qu'avec nous, tout en leur accordant les honneurs de la défaite, nous menâmes cela militairement. On nous dit bien que nous étions des scélérats, des libertins, même des polissons, lorsque le premier coup fut tiré ; ensuite on ne pouvait plus décemment nous refuser, et nous pûmes recommencer à volonté.

On nous recommanda de mettre des procédés avec les maris, afin de leur dorer la pilule ; nous nous empressâmes de remplir les intentions de nos belles, et nous devîmes en quelque sorte, les comensaux de toutes les maisons.

La ville du Mans qui, à notre arrivée,

était triste comme toutes les villes de province, devint le centre de tous les plaisirs ; les bals, les fêtes, les spectacles se succédaient chaque jour, et la fouterie y ajoutait un charme toujours nouveau. Chaque officier avait sa dame, dont il était le tenant ; mais plusieurs de ces aimables femmes devinrent rivales les unes des autres, il y en avait même qui étaient tellement possédés de la rage du cul, qu'elles auraient foutu avec tout le régiment.

Nous allons procéder par ordre et les faire connaître les unes après les autres. Madame de Lafo... mérite d'être placée en tête : c'était une petite brune assez piquante, sans être très jolie, elle avait de la fraicheur ; des yeux noirs qui semblaient dire à tout venant : Bandez et foutez-moi.

Nous étions tous admis chez elle, son mari, espèce de Jocrisse, était très honoré de nous recevoir, et ne se doutait pas qu'on le cocufiait à chaque instant.

Le premier qui eût cet avantage fut le comte de Til... Le lendemain de notre arrivée, il avait eu une lettre à remettre au mari, qui le reçut au mieux ; la dame le vit, leurs yeux se rencontrèrent, et une espèce de sympathie les entraîne l'un vers l'autre.

Le mari après avoir lu la lettre, dit au comte qu'il serait toujours le bien-venu dans sa maison, et il l'invita sur-le-champ à dîner. La lettre était écrite par un de ses amis à Paris.

Til.. accepta l'invitation, et le bon mari lui annonça qu'il allait le quitter, pour s'occuper de terminer quelques affaires et ajouta : Si vous n'êtes pas pressé pour votre service, restez ici, tenez compagnie à madame, elle ne s'ennuiera pas ; vous ferez connaissance, et à mon retour, nous dînerons gaiment ensemble. — Le comte ne demandait pas mieux : le complaisant de Lafo... partit, et nos deux personnages restèrent seuls.

Après quelques propos oiseux, on parla de la société, des femmes qui la composaient, madame de Lafo... ne ménagea personne, l'une était laide et d'un mauvais caractère; l'autre coquette et avait eu quelques aventures, une liaison, avait des prétentions et faisait la prude; enfin, chacun eût son coup de pinceau et même celle qui passaient pour ses amies, ne furent pas épargnées. Lorsqu'elle eût fini le panégyrique de toutes les dames de la ville, le comte de Til.. lui dit: Je vous remercie, madame, de tous les renseignemens que vous venez de me donner; cependant, quoiqu'il soit très agréable de connaître les personnes que l'on peut rencontrer chaque jour dans la société, tout cela me sera à peu près inutile. — Et pourquoi cela, reprit vivement la dame. — Parce que j'ai fait mon choix. — Quel est-il? — Ah! c'est mon secret. — Confiez-le moi, je vous jure de le garder. — Eh bien! c'est une de celles que vous n'avez

pas nommée dans la revue aussi spirituelle
que malicieuse que vous avez faite. — Je
ne puis deviner. — Cela n'est cependant
pas difficile. — Est-elle jolie? — Oui. —
Aimable? — Charmante. — Jeune? —
Mais.... oui.... — Avez-vous fait l'aveu
de votre amour? — Pas encore. — Qui
vous en a empêché? — Je n'ai pas osé. —
Ah! ah! vous-êtes timide, je ne l'aurais
pas cru. — La crainte d'être mal reçu. —
Ah! une femme ne se fâche jamais, lorsqu'on lui fait l'aveu de son amour, et qu'on
y met des procédés. — C'est un crime
que d'en manquer, et je ne le commettrai
jamais. — J'en suis persuadée; mais tout
cela ne m'apprend pas ce que je veux
savoir: nommez-moi donc cette heureuse
femme. — Pouvez-vous ne pas la recon-
naître au portrait que je vous en ai fait? —
Mais en vérité, j'avoue mon ignorance,
ou ma maladresse, je ne puis deviner? —
Madame, regardez vous donc dans cette
glace: il y en avait une en face, et vous

connnaîtrez le mot de l'énigme. — Allons, vous plaisantez, et elle rougit, n'en parlons plus. — Au contraire, je vais m'expliquer plus clairement, puisque vous ne voulez pas m'entendre, et tombant à ses genoux, il ajouta: Eh! qui puis-je aimer, si ce n'est vous, qui réunissez tout ce qui peut séduire, plaire et charmer, et prenant sa main, il la couvrit de baiser. Elle était émue et lui dit: C'est très bien, M. le comte, comme je vous l'ai observé, il y a un instant, cet aveu ne peut me fâcher, il m'honore. — Il vous déplaît. — Non! mais vous savez que j'ai des raisons pour ne pas l'écouter, et encore plus pour ne pas y répondre, et elle se leva. Le comte en fit autant, en s'écriant: Vous me désespérez. Elle avait le teint très animé, ses yeux brillaient d'un feu qui annonçait le désir. En homme adroit, il sut profiter du moment, il la prit dans ses bras, lui donna un baiser sur la bouche, et la portant sur un canapé, qui se trouvait là,

malgré la résistance qu'elle pouvait oppo-
ser, il se trouva placé avantageusement;
d'une main il lèva une robe légère, de
l'autre il lâcha son vit, et l'instant d'après
il avait pris possession du con de la dame,
qui s'écriait d'une voix entrecoupée et en
soupirant: Finissez donc, monsieur, c'est....
c'est.... af.... freux, et il finissait: notre
couple amoureux déchargeait.

Lorsqu'ils eurent bien savouré tous les
plaisirs de la jouissance, la dame repoussa
bien doucement son fouteur, et ajouta:
Retirez-vous donc, monsieur, voulez-vous
qu'on nous surprenne? — Non, ce n'est
pas nécessaire. Le comte reprit son aplomb
sur ses deux pieds, et renferma la pièce
la plus saillante du combat.

La dame en se relevant cacha ses char-
mes secrets, et sans regarder son fouteur,
elle lui dit: Vous vous annonciez comme
timide, monsieur, vous ne me l'avez pas
prouvé; vous avez profité de ma faiblesse,
et vous m'avez rendue coupable. — Par-

donnez-moi cette faute, madame, mais ne vous en prenez qu'à vous. — Comment cela? — Vous êtes si séduisante. — Oui, et vous si audacieux. — Me pardonnez-vous? — Puis-je faire autrement. — Eh bien! permettez-moi de réparer ma faute, et il la serrait dans ses bras. — Oui, en vous permettant d'en commettre une autre. Il la conduisait vers le canapé. — Non, cela ne sera pas. Il n'écouta rien, et dans deux minutes elle fut foutue, et en femme expérimentée, elle croisa les jambes sur le dos de son fouteur, et lui rendant tous ses coups de cul, ils exécutèrent ensemble un duo concertant de fouterie, qui ne leur laissa rien à désirer.

Comme il n'y avait plus de façons, ni des grimaces à faire, le désordre fut bientôt réparé. On se dit de part et d'autre: tu m'aimeras toujours: certainement, et le tout en attendant la première occasion qui se présenterait pour fausser ce doux serment, c'est l'usage; on s'embrassa comme de vieilles connaissances, et l'on descendit faire un tour de jardin.

Ils se firent l'un et l'autre de ces aveux de convenances, de ces protestations qu'on ne pense pas; ils étaient encore sous le charme d'un premier moment de jouissance, qui s'évanouit comme un éclair.

Je l'ai éprouvé mille fois, lorsqu'on a foutu une femme deux fois, à moins qu'elle ne soit aimable, jolie, et qu'elle ne sache réveiller nos sens par des attouchemens voluptueux et libertins, on est pour ainsi dire blasé, et le con de la première venue vous semblerait préférable, parce qu'on change, et que l'inconstance est un besoin pour l'homme, lorsqu'il veut s'amuser et jouir. Voilà pourquoi on court les filles et les bordels; les putains se prêtent à tout, se retournent sur tous les sens, le cul, le con, les tétons, la bouche, etc., tout est à vous; cinq francs en font l'affaire. Presque toujours votre épouse, la femme que vous aimez, que vous en-

tretenez, pour lesquelles vous vous ruinez,
vous refusent, vouz repoussent, se plaig-
nent de douleurs, d'un malaise, vous dé-
goutent. Elles ont leurs raisons pour cela
et elles foutent avec un autre : vont voir
soit disant une amie pour se distraire, et
rient avec votre heureux rival de votre
sotte confiance et de votre crédulité. Cro-
yez-moi, vous qui me lisez, ne prenez une
femme que pour le moment, où vous voulez foutre ? dès que vous avez renfermé
votre vit dans le vêtement nécessaire, n'y
songez plus, ou si vous voulez foutre de
nouveau cherchez-en une autre.

Que les femmes soient pour vous comme
les chevaux de louage, que vous prenez
chez tel ou tel. Vous voyez le lendemain
entre les jambes d'un autre le cheval que
vous montiez la veille ; vous n'y pensez
pas, ou vous dites seulement, il trotte
bien, il est sûr, il est sensible à l'éperon,
il a la bouche dure ; c'est un bon cheval
ou une rosse. Eh bien ! traitez une femme

de même, la seule différence que j'y trouve, ce sont deux pieds de plus ou de moins. Pensez ainsi, vous serez mille fois plus heureux, et vous vous amuserez comme un dieu ; si tant est que les dieux existent et connaissent le plaisir, soit qu'ils se trouvent en un, en deux, ou en trois : c'est un dicton consacré par l'usage et je m'en sers. Retournons au jardin, où nous avons laissé M. le comte de Til.. et Mad. de Lafo....

Ils étaient là comme on dit à filer le parfait amour, à roucouler à l'instar des tourtereaux ; c'est ainsi que cela se passe les premiers jours d'une liaison, lorsqu'on a foutu l'un et l'autre, et qu'on est encore sous l'empire de la nouveauté: tout est bonheur alors, le vit est toujours bandant ; le con baille et attend le foutre, comme un poison aspire l'asticot, qu'il voit descendre vers lui avec le perfide hameçon ; ou voudrait toujours foutre, sans songer que c'est la jouissance qui tue l'amour, qui assassine le plaisir, qui éteint les désirs, et pour vous le prouver, je parirais mon vit, auquel je tiens beaucoup, contre un fétu, que la femme qu'on a désirée pendant dix ans, sans pouvoir l'obtenir, vous déplaît au bout de six mois d'une passion continuelle. Si cela n'est pas vrai, je consens qu'on me coupe les couilles, et qu'on les cloue à ma porte, comme un chat-huant, que l'on crucifiait jadis sur l'huis de l'antique manoir d'un pauvre et orgueilleux hobereau de campagne.

L'honnête mari, le cocu de Lafo... arriva, il s'excusa longuement sur son absence, on la lui pardonna ; il ne se doutait pas qu'il leur avait rendu un très grand service, et sa chère moitié lui avoua ingénuement qu'elle avait fait de son mieux, pour que l'ennui ne vint pas les attaquer.

Tu as très bien fait, ma petite femme, reprit l'époux débonnaire, et je t'en re-

mercie. Elle me regarda en souriant. As-tu
fait admirer à M. le comte le joli pavillon
du jardin? — Non. Il mit la main dans
sa poche: Tu ne l'aurais pas pu, comme
un maladroit, j'avais emporté la clé, et il
la lui donna, en l'engageant à m'y con-
duire, tandis qu'il allait donner des ordres
pour le dîner, parce qu'il avait invité
plusieurs personnes; afin que la société
fut complète. Il les quitta et nous nous
levâmes pour visiter le pavillon.

Nous y arrivâmes, madame de Lafo...
l'ouvrit, il était charmant, orné de plusieurs glaces, et à peine y furent nous
entrés, que nous nous donnâmes des baisers de feu.

La porte était sur le côté et la croisée
sur le devant, garnie de persiennes, qui
étaient fermées. Madame de Lafo... regardait au travers et tournait le dos au
comte de Til.., il la troussa; en femme
bien apprise, elle s'appuya sur la barre
de la fenêtre, en lui présentant un cul

ferme et potelé : sans perdre du temps, il l'enfila et la foutit en levrette.

L'à-propos parut charmant au couple amoureux, et ils restèrent dans cette posture assez de temps pour en savourer les délices.

La cloche se fit entendre, il déconna, et nos deux fouteurs reprirent le chemin de la maison, en se félicitant de leur bonheur. Le mari vint au-devant d'eux avec quelques convives, et il leur demanda s'ils avaient eu le temps d'examiner le pavillon, on lui répondit : Certainement. Il dit en riant d'un air malin : C'est le boudoir de madame. Et moi, en changeant seulement deux lettres, j'écris : le foutoir, pour l'intelligence des lecteurs.

Le dîner fût très gai, très bien ordonné, la chaire était délicieuse, les vins exquis ; les convives joyeux et aimables. Le comte était auprès de la dame du lieu, qui était le point de mire de tous les hommages ; enfin le mari s'y prenait au mieux pour inaugurer la paire de cornes, dont son épouse venait de décorer son front, on pouvait même dire qu'il était coiffé à l'air de sa figure. C'est encore heureux, lorsque cet ornement vous va bien, et on pouvait dire qu'il le portait avec graces, c'est toujours quelque chose.

L'heure du spectacle arrivait, on sortit de table; quelques officiers du régiment conduisant des dames, vinrent rendre visite à madame de Lafo..., et un signe convenu entre nous, car j'étais du nombre, nous apprit que Til.. avait pris possession de l'épouse de l'amphytrion. Nous n'étions pas aussi avancés; mais nous avions de grandes espérances.

Les dames se réunirent et se mirent à jaser; mais à voix base. Les hommes en firent autant, un peu plus haut. Comme il eût été indiscret et maladroit de demander des détails sur les amours du comte et ses succès; nous gardâmes prudemment le silence, et bientôt on partit pour le spectacle.

Tous les officiers s'y trouvaient et chacun cherchait à se caser. Il était aisé de voir que tout s'arrangerait, ces dames paraissaient dans les meilleures dispositions; il y en avait même qui semblaient décidées à prendre tous ceux qui se présenteraient, afin d'éviter l'embarras du choix.

C'était d'un heureux augure pour ceux qui ne voulaient pas contracter d'engagemens trop sérieux.

Nous devînmes le sujet de toutes les conversations, les yeux des spectateurs étaient fixés sur nous, et les réflexions gaies qui se faisaient, excitaient le rire; nous étions à même d'en juger, peu nous importait. Nous cherchions le plaisir, il se présentait, et nous nous apprêtions à la saisir.

Quelques maris paraissaient ombrageux, il fallait donc user de prudence et leur dorer la pilule, pour qu'ils pussent l'avaler sans trop faire la grimace. Ensuite les dames ne voulaient pas s'afficher trop ouvertement; le mystère convenait à l'une, la publicité à l'autre. Quant à madame de Lafo..., elle ne paraissait pas fâchée de donner le ton et de servir de modèle. Elle passait déjà pour avoir eu quelques aventures galantes; on disait qu'elle était la fille naturelle d'un grand personnage de la cour, et qu'un frère de son mari, qui se trouvait à Paris, lancé dans les entreprises, croyait avoir fait un coup de maître très utile à sa fortune, en organisant ce mariage: jusqu'à ce moment, le résultat le plus certain pour M. de Lafo... avait été le cocuage, et comme on le sait, cela mène souvent très loin et dore les titulaires.

Enfin les couples s'organisèrent, les liaisons se formèrent, et nous en fournirons les preuves, en donnant des détails. Quant à moi, qui suis l'historien de tous ces évènemens plus ou moins gais et même parfois très sérieux; comme par caractère et par goût, j'ai toujours redouté les engagemens sérieux, je pris le parti et la résolution d'en prendre partout où j'en trouverais et de glaner dans toutes les classes, dans tous les rangs, semblable à ce jardinier, à ce fleuriste, qui cultivent avec le même soin le lys orgueilleux, la rose séduisante, reine du parterre et la modeste violette, que son doux parfum fait découvrir sous l'herbe.

J'ai toujours reconnu qu'un attachement exclusif, finissait par être aussi fatiguant qu'ennuyeux, on ne fout plus que par habitude; il n'y a plus rien de voluptueux, d'attrayant: à peine avez vous déchargé, tout en faisant rentrer votre vit dans son étui, vous dites in petto. Quelle sacrée jouissance, le charme est détruit; il est si peu de femmes qui paraissent toujours nouvelles. Pourquoi cela, me direz-vous? la raison en est simple, elles ne vous aiment que peu de temps, et encore pour

elles-mêmes ; elles sont l'égoïsme per-
sonnifié , et souvent vous prenez l'excès
du tempérament pour de l'amour, et co
n'est que le plaisir de foutre qui les tient,
un vit est tout pour elles. Le premier
venu, s'il bande, serait bien reçu ; heureusement qu'un peu de honte les retient,
sans cela elles iraient mettre la main dans
votre culotte, et vous prenant le vit elles
se foutraient elles-mêmes, et vous plan-
teraient là ensuite, pour courir une autre
aventure. Je vais en fournir un exemple.

Un jour j'avais donné le bras pour venir chez madame de Lafo..., à une petite
femme, vive, sémillante, au regard fripon
et foutatif, et dont l'oeil ardent semblait
vous dire à chaque instant, vous bandez,
foutez-moi, je le veux bien.

Assis près d'elle, je lui débitais de ces
lieux communs qui disent tout et rien.
Elle souriait et en lui décochant un dernier compliment, elle haussa les épaules,
je lui en demandai la raison très gaîment.

Elle me répondit : Vous n'avez pas le sens commun, vous lanternez pour en venir au fait. Eh bien ! écoutez-moi, et recevez une leçon de franchise, je ne suis pas bégueule et j'aborde la question.

Ce que vous m'avez dit depuis trois quarts-d'heure, avec assez d'esprit, j'en conviens, se réduit à cela, vous avez envie de foutre avec moi, je suis de votre avis, et si nous étions dans un lieu convenable, ce serait déjà fait ; ce n'est point par amour, nous n'en avons ni l'un ni l'autre, mais seulement par caprice, et pour se dire, j'ai eu cet homme, j'ai baisé cette femme : c'est donc arrangé, nous nous verrons corps à corps, j'en meurs d'envie. C'est un caprice, dès qu'il sera satisfait, peut-être, ne penserais-je plus à vous, je n'en répondrais pas. Voilà mon caractère, si vous me convenez mieux qu'un autre, et que la comparaison soit toujours à votre avantage, nous nous reverrons, vous me connaissez à fond, si

je vous quitte sans retour, gardez-vous
bien de venir m'ennuyer de vos doléan-
ces, je vous enverrais promener. Je suis
mariée, j'étais passionnée pour mon époux,
il est très aimable, il m'adorait: eh bien!
nous sommes devenus indifférens l'un pour
l'autre. Pourquoi cela? par l'habitude de
se voir, et de l'union éternelle qui nous
enchaîne : nous demeurons ensemble.
Quelquefois nous nous rencontrons, il
m'embrasse, je lui rends son baiser. Nous
nous disons quelquefois: Veux-tu foutre,
tantôt c'est lui, tantôt c'est moi. Oui,
non, si cela nous convient, nous tirons
un coup, et cela nous semble délicieux:
au revoir, et chacun va de son côté.
Avouez que c'est délicieux, et vive la
liberté! passons dans le jardin. Elle se
leva, j'en fis autant: elle me prit le bras
et nous sortîmes de l'appartement, elle
me dit: Je connais la maison. Nous tra-
versâmes le parterre, le pavillon dont j'ai
parlé s'offrit à nos regards. Entrons, dit-

elle. J'obéis. — Profitons du moment, foutons, elle se plaça sur le canapé, et sur-le-champ je l'enfilai. Quelle femme! il semblait qu'elle avait une fourmillière dans les fesses. Ah! fous, mon ami, s'écriait-elle, je décharge; j'en fis autant. Tu bandes encore, continue et j'allais mon train. C'est assez, on pourrait venir, soyons prudens; tu m'as tiré deux bonnes bottes à fond, je te parle en maître d'armes, je m'y connais, je me sers aussi bien d'un fleuret que d'un vit; embrassons-nous, j'obéis. Tu me conviens, nous nous reverrons, allons rejoindre la société.

Rentrés dans le salon, elle me quitta, fut dire un mot à madame de Lafo..., qui sourit, et prit place près d'une autre dame sans s'occuper de moi, je ris en moi-même de mon aventure, et de l'originalité de ma conquête; je pris part à la conversation générale... Je ne pouvais m'empêcher de jeter de temps en temps un coup-d'oeil sur ma conquête. Elle parlait avec feu, toujours avec la même dame; j'admirais sa vivacité et la joie de sa physionomie. J'ignorais qui elle était, je le demandai à un monsieur avec lequel je m'entretenais, il me répondit: C'est madame Dejo.... des Ro...., l'épouse du lieutenant-général de pol...., c'est une petite diablesse remplie d'esprit, aimant le plaisir à la fureur, et qui ne laisse pas languir ceux qui lui font la cour. Elle ressemble à l'actrice G a u s s i n, qui disait: „Cela leur fait tant de plaisir et me coûte si peu." Celle dont nous parlons, passerait tous les officiers de votre régiment en revue dans un jour, sans paraître fatiguée.

Le mari va de son côté, il lui a laissé la bride sur le cou; elle a répondu à ses observations en l'envoyant promener, il a pris le bon parti. — Lequel? — De se taire. Comme mon interlocuteur paraissait connaître le pays, je continuai mes questions, j'ajoutai, et madame de Lafo.... — Le second volume de madame Dejo...., un peu plus de retenue, en apparence, mais le même caractère; cependant, on pourrait croire qu'elle est susceptible d'attachement, si elle trouvait un homme qui lui plut un peu plus que les autres. Au reste, vous sérez à même d'en juger, si vous restez quelque temps en garnison dans cette ville, il y aura des aventures.

On appela celui avec lequel je m'entretenais, il me quitta; je jetais les yeux du côté de madame Dejo..., elle me fit signe d'aller vers elle, j'obéis. Prenez un siége, me dit-elle, et mettez vous là. Connaissez-vous celui avec lequel vous jasiez? — Non... — Il vous a parlé de la société, de madame de Lafo..., de moi. — Pas un mot. — Ne vous y fiez pas, c'est un bavard, une mauvaise langue, il vous fera des contes à dormir debout, si vous l'écoutez. — C'est bien, j'y prendrai garde. Elle se pencha vers moi et me dit à voix basse: A-propos, un de ces messieurs a eu madame de Lafo..., il l'a déjà conté à deux ou trois personnes ; elle s'en moque, mais, c'est très mal : lui ressemblez-vous ? — Non, je sais me taire. — Nous verrons si vous-êtes digne de votre bonheur, et de celui qu'on peut vous garder encore. J'ai beaucoup de choses à vous dire, vos messieurs font des conquêtes ; j'ai appris cela, nous en jaserons et nous rirons.

Quel malheur ! de ne pas être seuls : vous me comprenez. — Très bien. — Cela serait si joli. — Surtout pour moi. — Je vous en livre autant. — Je n'étais pas fâché de l'accident, je ne voulais pas me mettre sur les dents ; pour une seule femme, je voulais porter mon offrande ailleurs. Madame Dejo.... était fort aimable ; mais je la savais déjà par coeur, et je voyais dans la société d'autres femmes, qui valaient bien la peine qu'on s'occupât d'elles. Je ne voulais, cependant, pas la quitter, j'étais bien aise d'être au courant de la chronique scandaleuse.

Je fis le passionné auprès d'elle, et cela me réussit, je l'avais trop bien foutue, pour qu'elle ne gardât pas de moi un doux souvenir. Elle me donna rendez-vous pour le soir, en ajoutant : Je vais m'arranger de manière à ce que nous passions la nuit ensemble, qu'en dis-tu ? — C'est délicieux. — Si je ne réussissais pas dans mes projets, au moins nous prendrons un à-compte, hein. — Je ne bande que pour vous. — C'est charmant, il n'y manque qu'un autre mot, il fallait dire toi. — Eh bien ! toi. — Tu es trop aimable, ce soir je te récompenserai. — J'y compte, nous nous mettrons in naturalibus. — Il n'y a rien à chiffonner, cela vaut mieux. Nous allions continuer sur le même ton, lorsque madame de Lafo... s'approcha de nous. Vous-êtes là comme deux amoureux, nous dit-elle. — Mais nous le sommes, reprit madame Dejo...., et se penchant vers elle, elle lui annonça que je l'avais foutue quatre fois de suite. Quel bonheur !

elle me regarda avec attention, je me doutai qu'elle ne serait pas fâchée d'en avoir autant, et je pensai que la dame me passerait entre les mains. On voit que ces dames ne se cachaient rien, et qu'elles se servaient des mots techniques pour exprimer et rendre énergiquement leurs pensées.

Quant à moi, ma chère amie, j'ai eu une petite aventure, et confidence pour confidence, le comte de Til.. m'a eue, mais j'en suis fâché, il s'en est trop vanté. et cela me déplaît. Aussi, c'est fini entre nous, il n'en tâtera plus. Je ne lui ferai aucun reproche; mais je préviendrai nos dames. Ensuite il ne sera pas difficile à remplacer, on l'avait recommandé à mon mari; s'il savait le service qu'il lui a rendu, et elles se mirent à rires comme deux folles. Ce n'est pas l'embarras, il mérite son sort, et n'est bon qu'à être....., ce qu'il est, enfin, ajouta, madame Dejo.....

Les cercles se formèrent, il fut question de jouer et les parties s'engagèrent. Je fus heureux, je gagnai 25 louis à un juge; il paraissait de mauvaise humeur, les dames se moquèrent de lui, et madame de Lafo... lui reprocha d'avoir un aussi mauvais caractère, que le Ragotin du roman comique. On rit beaucoup de l'àpropos et le nom lui en resta.

Je voyais madame Dejo.... très préoccupée, je lui en demandai la raison, elle me dit: Je m'occupe de nos affaires. Elle voulait parler de la nuit : foutre était tout pour elle, et cette idée absorbait toutes ses pensées.

Madame de Lafo... de son côté, me regardait sans cesse et me souriait. Je devinais ce qui la tourmentait; mais elle n'osait s'aventurer davantage, madame Dejo... la gênait. Enfin elle se décida à sortir, elle m'en prévint, en me disant de l'attendre; elle voulait savoir ce que faisait son mari, et se rendait chez elle.

Dès que madame de Lalo... l'eût vue partir, elle me fit signe de me rendre au jardin; j'avais fini ma partie, je me levai sans affectation, et je me dirigeai vers ls lieu indiqué, en me doutant de ce qui allait m'arriver; je pris place sur le canapé et bientôt parut la dame.

Elle me dit: J'ai voulu vous dire un mot en courant, enfin de vous prévenir de ne pas trop vous livrer à madame Dejo...., elle vous ferait mourir à la peine. Pendant qu'elle parlait, je l'embrassais, et mes mains ne restaient pas oisives.

— Finissez donc, je ne veux pas, je ne suis pas venue pour cela, je vais me fâcher. En prononçant ce dernier mot, elle tomba sur le canapé, je lui fermai la bouche d'un baiser, et mon vit prit possession du local qui lui convenait. C'est abominable, s'écriait-elle, à demi-voix, de se voir traitée ainsi chez soi; j'allais toujours mon train et je répondais à ses lamentations par des coups de cul. — Allons, il faut

bien prendre son parti et elle me seconda
de son mieux, une ample décharge prouva
que nous étions parfaitement d'accord, et
nous restâmes sans mouvement dans les
bras l'un de l'autre.

Nous nous relevâmes. Vous êtes un
mauvais sujet, me dit la dame, en m'em-
brassant. Je vais rentrer dans le salon
par une autre porte, attendez un moment
pour y reparaître. Nous nous reverrons,
amour et mystère, et elle disparut.

Allons, dis-je, en moi-même, cela ne
va pas mal, et je regardais le champ de
bataille, c'est-à-dire, le canapé; j'aperçus
un billet auprès d'un coussin, je le pris
et je vis qu'il était adressé à madame de
Lafo.... Je crus pouvoir me permettre
de le lire, on lui disait: „Je serai ce soir
à l'endroit indiqué, ouvre-moi la petite
porte du jardin, l'amour me conduira
dans le pavillon, pour me retrouver dans
tes bras.“

Je vis que la dame tenait à plus d'un,

et que si madame Dejo.... en prenait partout où elle en trouvait, madame de Lafo... ne lui cédait en rien.

Le billet n'était pas signé, je ne pouvais savoir quel était l'heureux mortel qui l'avait écrit ; je me promis d'observer, afin de le connaître, non pour le tourmenter, ni pour empêcher son rendez-vous ; mais par un simple mouvement de curiosité.

Jamais je n'ai voulu troubler le bonheur de personne, à quoi bon être jaloux ? voulez-vous être préféré, soyez plus aimable que votre rival, ou si vous ne pouvez réussir à plaire, faites un autre choix ; tous les cons se ressemblent, les vits entrent dans celui de la blonde ou de la brune, peu importe, pourvu que l'on foute.

Je rentrai dans le salon, madame de Lafo... s'y trouvait avec les mêmes personnes. Elle me jeta un coup-d'oeil très expressif et me dit d'un air indifférent :

Vous venez du jardin. — Oui, madame.
Elle allait me répondre, lorsque madame
Dejo.... arriva, elle paraissait très satis-
faite ; alors je me doutai, que nous passe-
rions la nuit ensemble, et que je devais
me préparer à de rudes assauts avec une
fouteuse de la force de celle dont j'allais
avoir à satisfaire les brûlans désirs.

D'où venez-vous donc, lui dit madame
de Lafo.... — De chez moi, mon mari
vient de partir pour la campagne. Je m'en
doutais et je voulais en avoir la certitude.
— Vous avez des projets. — Oui et non,
tout cela dépend des événemens, des
circonstances. — Et vous ? — Moi ; je ne
sais à quoi me décider, j'ai des engagemens pris que je pourrais rompre. Quand
on a donné sa parole, il faut la tenir. —
Oui, avec certaines gens ; mais avec d'autres, il faut la retirer, lorsqu'ils ne le
méritent pas.

Cette conversation énigmatique pour
tout le monde, ne l'était pas pour moi,

surtout d'après les derniers mots prononcés par madame de Lafo..., et je fus à-peu-près certain que le billet avoit été écrit par de Til..; mais que d'après son indiscrétion, on voulait rompre avec lui. A l'instant on l'annonça : le visage de la dame prit une teinte sombre, il entra d'un air triomphateur, et s'approcha de madame de Lafo..., il la salua ; elle tourna la tête de l'autre côté ; il parut stupéfait, et dit ; madame est indisposée ? On lui répondit d'un ton très sec : Non, monsieur, je me porte très bien, et elle parla à l'oreille de madame Dejo.... Til.. fut un peu déconcerté ; enfin il s'approcha d'elle, et lui dit : Pourrais-je savoir, madame, pourquoi vous me recevez avec tant de froideur, après l'accueil obligeant que j'ai reçu dans votre maison. — Examinez votre conscience, monsieur, et vous l'apprendrez. Il ne répondit pas et parut réfléchir : les deux dames se rapprochèrent et parlèrent bas ; leur entretien les mettait en gaîté, car elles riaient et elles répétaient ensemble : ce serait charmant, Après un silence, madame de Lafo.... dit : Eh bien! c'est arrêté, comptez sur moi.

De Til.. voulut encore l'interroger, elle lui répondit d'un ton sec : monsieur, je n'ai rien à vous dire, et par ce moyen, vous ne pourrez pas en parler. — Ah! madame, vous avez tort de m'accuser. — Moi, je ne vous accuse nullement; je pourrais seulement me faire un reproche. Tenez, pour en finir, écoutez, elle lui parla à l'oreille, de Til.. parut confus. Elle ajouta à haute voix : J'espère, maintenant, que vous cesserez vos questions, elles me fatigueraient; ainsi que tout soit fini; je n'aime pas les discussions. Je vis qu'il était question de ce qu'il s'était vanté de sa bonne fortune; la conversation en resta là, et madame de Lafo... prenant le bras de madame Dejo...., lui dit : Allons faire un tour de jardin. Plusieurs personnes et j'en faisais partie, demandèrent si on pouvait les accompagner ; elles répondirent, en riant : Non, messieurs, nous voulons être seules. Elles sortirent, et de Til.. se rapprochant de moi, me dit : Ma foi, j'ai parlé de ma bonne fortune, il paraît qu'elle en a été instruite. Elle se fâche, tant pis ; tant mieux, je m'en consolerai avec un autre.

Je répondis, c'est le parti qu'il faut prendre. — Ce que je trouve de désagréable, c'est que je comptais sur un rendez-vous pour ce soir ; tout est dérangé, je n'en ai pas d'autres. Allons, je ferai F o u r ce soir, à moins qu'il ne me tombe sous la main quelque désoeuvrée ; j'ai envie de me rapprocher de la petite, lorsqu'elle va rentrer. Je ne dis mot, et je me promis de le laisser faire, pour être témoin de son désappointement.

Les deux dames ne tardèrent pas à rendrer, madame de Lafo... passa dans son intérieur, pour donner quelques ordres, et madame Dejo…. prit place près de nous. De Til.. lui adressa la parole, et lui décocha quelques cajoleries; elle lui riposta, en riant: Vous cherchez des consolations, je ne me charge pas des affligés; je n'ai pas une assez forte dose de charité pour cela; faites pénitence, pauvre pecheur. Tout le monde se mit à rire, madame de Lafo… ren'ra, elle voulut savoir ce qui se passait; on le lui dit, elle prit part à la joie générale. De Til… seul avait l'air pantois et confus; il faisait ombre au tableau. Quant à moi, j'étais dans l'espérance du plaisir, et je le voyais qui s'approchait sous les traits de deux femmes aussi aimables que jolies, je n'ajouterai pas fidéles. La constance est un mot vide des sens, pourvu que vous trouviez une femme lorsque vous bandez, et que vous la foutiez; il doit vous être indifférent qu'elle en ait fait autant, avant de vous rencontrer, ou qu'elle le fasse, quand vous l'avez quittée. —

De Til.... prit le parti de battre en re-
traite.

Madame Dejo... me dit : Nous allons
souper ici avec madame de Lafo..., son
mari est absent, ensuite elle nous donnera une chambre et nous passerons une
nuit délicieuse, qu'en penses-tu ? — Que
je suis le plus heureux des hommes. La
société disparut, et enfin nous fûmes seuls :
nous aurions bien pu peloter en attendant
partie ; mais il fut décidé que nous éco-
nomiserions nos plaisirs, afin de mieux
employer la nuit. On nous servit à souper, j'étais entre les deux femmes, et
l'objet des plus tendres caresses ; il était
convenu que tout était commun entre
nous. Nous nous embrassions, mes mains
s'égaraient sur leurs gorges, sur leurs
cons, à la manière dont tout cela s'arran-
geait, je vis que j'étais destiné à faire la
chouette à ces dames, et elles étaient
convenues de cela ensemble. J'acceptai
la partie, je les branlai en soupant, afin

d'appaiser le feu qui les dévorait ; au des-
sert je les gamahuchai, elles déchargèrent
à qui mieux mieux. J'espérais, par ce
moyen auxiliaire, les satisfaire plus facilement.

Après avoir bien soupé, savouré des
vins exquis et des liqueurs propres à
électriser les sens, on se rendit dans la
chambre à coucher. C'était le temple de
ja volupté, des bougies nombreuses l'é-
clairaient, et leurs lumières se répétaient
dans plusieurs glaces ; le lit était placé au
centre. Nos deux dames se mirent en habit
de combat, c'est-à-dire, entièrement nues,
et elles me déshabillèrent ensuite. Je m'y
prêtai volontiers, et nous nous plaçâmes
sur le lit ; je couvris de baisers les corps
blancs, frais et potelés de mes deux fouteuses, elles me rendaient la pareille. Je
bandais et je ne savais à laquelle donner
la préférence ; elles me dirent de faire
un choix, et de foutre la première, celle
qui me plairait davantage. Je répondis

que je ne pouvais choisir, qu'elles me semblaient aussi séduisantes l'une que l'autre, et qu'il fallait s'en rapporter au sort. » Alors mettant une pièce de monnaie dans ma main, je dis pair ou non. Madame Dejo.... dit pair: madame de Lafo.... fut donc foutue la première, et en même temps je gamahuchais l'autre, dont le con se trouvait à la hauteur de ma bouche. Elles jouissaient donc en même temps et ne pouvaient se plaindre.

Je déchargeai deux fois sens déconner, ensuite nous reprîmes haleine. Je bandais toujours, elles changèrent de place, et madame Dejo.... reçut la même ration, elle était insatiable et aurait voulu avoir éternellement le vit dans le con. Ces deux premières épreuves subies, nous continuâmes cependant à paillassonner : pour varier leurs plaisirs, je leur proposai de les enculer. Elles y consentirent, et pendant que j'en enfilais une par derrière, l'autre lui branlait le con ; elles trouvèrent tout cela fort agréable, et ne pouvaient, disaient-elles, suffire à tant de plaisirs, à tant de voluptés.

Nous épuisâmes tout ce que la fouterie et la paillardise ont de plus raffiné, et nous prîmes un peu de repos, en nous félicitant réciproquement de notre bonheur. Les glaces répétaient tous nos mouvemens et nos désirs, nos jouissances s'augmentaient et devenaient plus piquans, elles semblaient se multiplier pour m'énivrer moi-même par leurs attouchemens et leurs caresses.

Jamais je n'avais rencontré de femmes plus aimables, ni d'accord plus parfait. Elles me sucèrent le vit, se branlèrent l'une et l'autre, se gamahuchèrent, tandis que je les foutais en cul, en bouche, con, en tétons, et malgré leur fureur amoureuse, elles demandèrent enfin un peu de repos. Avant de nous y livrer, pour réparer nos forces, le vin le meilleur se glissa dans nos veines, et le matin au réveil, nous retrouvâmes une nouvelle vigueur pour recommencer nos assauts de fouterie. Elles convinrent elles-mêmes qu'elles n'avaient jamais éprouvé d'aussi douces jouissances, quoique de leur propre aveu, elles eussent foutu et refoutu, et sans me promettre d'être fidèles, ce que je n'exigeais pas, elles me jurèrent que j'aurais toujours dans leurs coeurs une préférence réelle sur tous les hommes qu'elles pourraient recevoir dans leurs bras.

Je les laissais me faire toutes ces protestations sans croire à leur sincérité, et à parler franchement, je m'en foutais, parce que sans leur en faire confidence, je ne tenais pas à elles, que pour le moment présent, sans m'occuper de l'avenir.

Elles se levèrent, et je restai dans le lit où je dormis, en attendant le déjeûner, qu'elles furent préparer. Elles venaient me rendre visite de temps en temps, et

je les voyais si endiablées de la fouterie,
qu'elles me prenaient à chaque instant le
vit. Je bandais, elles auraient encore foutu: mais elles avaient décidé entr'elles,
qu'on ne fouterait qu'après le déjeûner,
et j'avais fait serment d'observer cette loi,
qu'elles avaient elles - mêmes faite et
sanctionnée.

Je commençais à être un peu blasé sur
ces deux femmes, et je voyais avec plaisir arriver le terme de mon amoureuse
carrière.

Elles me servirent un déjeûner succu-
lent et confortatif. J'y fis honneur, et je
les foutis pour terminer la séance, d'une
manière convenable. Elles convinrent
elles-mêmes qu'elles étaient étonnées que
j'eusse pû les satisfaire, et je leur parus
un homme extraordinaire, un être privi-
légié. Elles couvrirent de baisers mon vit
qui leur avait procuré tant de plaisirs,
elles l'admiraient, le caressaient, et van-
taient sa grosseur, sa longueur et sa

qualité, et le nommèrent : LE VIT SANS PAREIL.

Nous nous séparâmes. Je rentrai chez moi, j'avais besoin de repos, j'avais promis de les revoir le soir, je n'y retournai que le lendemain. Je désirais savoir ce qui se passait, et connaître la chronique amoureuse; enfin quel était le tenant et le fouteur de chaque dame du Mans.

Madame Dejo ... devait me faire pénétrer tous les secrets de ces intrigues amoureuses, j'avais maintenant deux cordes à mon arc. Madame de Lafo..., intimement liée avec elle, surtout depuis notre nuit messalinique, m'instruisait de son côté, et lorsqu'il s'agit de divulguer des secrets féminins, et surtout des rivales, on peu compter sur les femmes.

Je ne parus donc que le lendemain auprès de mes deux sultanes. Elles m'accusèrent d'infidélité et me firent des reproches ; je me justifiai facilement, et pour prouver combien j'avais d'amour pour elles, je les foutis solidement, et c'est ce qu'il faut aux femmes, en général.

Les propos d'amour, les fadaises sentimentales, tout cela est charmant pour un intermède, pour un entr'acte ; mais le vit et le foutre sont tout pour elles. C'est le point principal, sans ces deux mobiles puissans, on passe pour un niais, un homme inutile, un bande à l'aise n'est bon à rien.

Nous déjeûnâmes très gaîment, notre entretien fut un peu graveleux, nous étions seuls. Madame Dejo... entama la conversation, en nous disant : Je vais vous conter des nouvelles, et vous dire mes enfants, les amours de nos dames, je tiens tous ces renseignemens de bonne source. Ainsi, vous pouvez m'en croire.

Madame Jan.... s'est arrangée avec M. de Roquem...; elle lui a fait filer le parfait amour pendant huit grands jours, il s'est soumise à cette épreuve en chevalier courtois, et la belle est ensuite tombée sur le dos, pour recevoir l'offrande du vit de son amant. D'abord, elle minaudait, faisait l'étroite ; le cavalier piquait mollement sa monture, elle a enfin lâché du cul, et la laissé pénétrer dans la place, ses soubresauts auraient désarçonné le cavalier, s'il n'eût pas été ferme sur les étriers. Tout s'est terminé au mieux, et le couple amoureux a couru trois postes sans débrider; ce qui prouve que madame Jan... avec son air semi-prude, fout aussi bien qu'une autre. Le cher mari, espèce de Jocrisse et de pisse-froid, comme vous le savez, avait été envoyé à la campagne, pour faire nettoyer la maison, où l'on doit donner un grand dîner; pendant ce temps là, madame se rinçait le con avec du foutre, et se faisait bourrer le cul avec un vit dragonal. Nous rimes beaucoup de la description, et nous applaudîmes au talent du peintre qui maniait aussi bien un pinceau, qu'elle vous suçait une pine. Elle continua sa narration, et nous l'écoutâmes avec autant de curiosité que d'attention.

Madame de Vill... a capitulé avec le comte de Labla... C'est une très belle femme, grande, bien faite, d'un caractère charmant, et pour terminer une excellente fouterie, le comte a très bien fait les choses, et ils sont enchantés l'un de l'autre.

M. Héris... de Vill..., le cher époux, conseiller à l'élection, qui se croit un aigle en jurisprudence, et qui n'est qu'un oison bridé, ne se doute de rien; il assomme son cocuficateur de louanges aussi fades que sa figure est plate.

Il se vante de ses prouesses, et trouve qu'il y a de la gloire à envoyer un malheureux à la potence. Je ne fais pas de grâce, lui dit-il, parce que je suis juste; par réciprocité, il est très juste aussi qu'il soit cocu. C'est une faible compensation; mais c'est toujours ça.

Mesdames de Lorch..., ces trois soeurs, qui peuvent passer pour des grâces surannées, reçoivent les officiers qui sont un peu comme elles, sur le retour. Elles préféreraient les jeunes gens; mais comment s'accommoder de Mlle. de Lorch..., avec sa figure couperosée, de sa voix rauque, de sa bouche qu'elle n'ouvre qu'à moitié, pour qu'on ne s'aperçoive pas qu'il lui manque des dents, et que celles qui restent sont couleur de pain d'épice.

Mlle. Demar... est un échalas habillé: nez long, teint blême, des bras en fuseau, jambes idem, des mains comme une araignée; bonne fille, excellent caractère, un con fendu comme un soupirail de cave, des tétons à l'instar d'une limande, et si on la fou'ait en bourrant un peu vivement, le vit lui sortirait par le coccix: elle est aussi mince qu'une volige.

Mlle. de Sam... est mieux, sans être bien; mais on peut encore la foutre, si l'on ne cherche pas l'embompoint. Elle a de l'esprit : c'est donc le rendez-vous de l'état-major, on y donnera le mot d'ordre. Ces dames fouteront en vit mollet, et se consoleront de l'accident, en se faisant branler par leurs bandes-à-l'aise.

Madame la marquise de Br... reçoit à des heures différentes, le grand flandrin de marquis de Savonn..., blondin, très fade, à grandes prétentions, et qui se croit un Adonis. Il y a concurrence avec le beau et jeune chevalier du Mers..., qui réunit à tout cela beaucoup d'amabilité; il doit être vigoureux, il est brun, bien constitué; je m'en passerai la fantaisie. Et moi aussi, dit madame de Lafo...., si cela n'a pas encore eu lieu, c'est que l'occasion ne s'est pas rencontrée. Elle s'adressa ensuite à moi et me dit : Tu ne t'en fâcheras pas. — Non. — Tu seras toujours le préféré; mais je veux tâter du Mers... — A ton aise. — Eh bien! en finirez-vous, vous m'interrompez, ce n'est pas bien; il est arrêté

que Mers .... nous foutera, n'en parlons plus.

Il vient chez la marquise de Br ... à
une autre heure que son lieutenant-colonel
Savonn .... Ce dernier en a été instruit,
il s'est plaint à la marquise, qu'on lui don-
nât un sous-lieutenant, un jeune homme
pour rival. Elle lui a répondu séchement:
Je suis libre de recevoir chez moi qui
bon me semble; le chevalier n'est pas
votre rival, vous n'êtes pas mon amant:
vous n'avez pas le droit de trouver mauvais ce qui se passe chez moi, et si vous
venez ici pour censurer ma conduite, vous
pouvez rester chez vous, M. le marquis,
et attendre que je vous fasse demander.

Le blondin a rougi, ce qui vous paraî-
tra extraordinaire, il s'est mordu les lè-
vres, et est sorti sans dire mot, en saluant la marquise, qui n'a pas eu l'air de
s'en apercevoir. Elle aime Mers...., et
cela peut avancer ses affaires, j'en saurai
quelque chose ce soir.

Le comte Deranc..., assez aimable, a des penchans plus bourgeois, il courtise à ce qu'on dit, la fille d'un épicier, chez lequel il est logé. Elle n'est pas jolie; mais elle passe, pour être aimable, c'est toujours quelque chose.

Madame V.... Desco...., l'épouse d'un avocat, encore assez bien, se met aussi sur les rangs, pour enflammer le coeur de ces messieurs. Elle passe pour avoir des prétentions; nous verrons quels seront ceux qui se prendront dans ses filets.

Madame la baronne de Clinch...., un peu sur le retour, veut aussi en tâter, pour parler catégoriquement, le con lui démange, et M. de Charn.... y a déjà porté la main: l'histoire dit même qu'il a poussé les choses plus loin, il se sera trouvé comme chez lui; car la route est frayée, la chère dame est ouverte à deux battans.

Nous ne pûmes nous empêcher de rire

des expressions pittoresques de madame
Dejo...., et nous allions continuer les
plus joyeuses réflexions, lorsque l'orateur
femelle nous dit: C'est assez causé, lais-
sons là toutes nos dames qui, sans doute,
dans ce moment, sont occupées à foutre
avec leurs amans, tandis que nous ba-
vardons.

Je disais, il y a un instant, que le con
démangeait à la baronne de Clinch...,
je me trouve dans le même cas, et vous,
mon amie, dit-elle, à madame de Lafo...
— Ma foi, je vous en livre autant. Puis
en m'adressant la parole, elle ajouta:
Bandes-tu? Je lui fournis la preuve, en
lui mettant la main sur mon vit. — En
ce cas, fous-moi, mon coeur. Elle se
leva, vint se placer sur mes genoux et
s'enfila elle-même, elle fit toute la besogne, et bientôt nous déchargeâmes.

Elle se retira, et madame de Lafo...
qui vit que je bandais encore, dit, à mon
tour, la place est chaude, elle vint et sui-

vant l'exemple de madame Dejo..., nous foutîmes ensemble. Pendant que nous étions en action, la spectatrice ne resta pas oisive, elle donna le postillon à madame de Lafo..., qui trouva cette double jouissance de son goût, et nous déchargeâmes deux fois. Heureux scélérat, dit madame Dejo..., quel bonheur!

Enfin nous terminâmes ce doux combat, et la petite dame m'observa que je lui devais quelque chose. — Je m'acquitterai un de ces jours. — Non, je veux être payée de suite. Elle prit le vit qûi commençait déjà à mollir, le contact de sa jo'ie main me fit bander, elle en profita et tira un second coup; puis en déchargeant, elle s'écria: Mes amis, je meurs de plaisir.

Elle resta longtems la tête penchée sur mon épaule, je crus qu'elle dormait, quoique certaines oscillations de ces fesses me prouvassent le contraire. Je lui demandai pourquoi elle restait ainsi, elle me répondit : J"exprime jusqu'à la dernière goutte de foutre de ton vit, et l'intérieur de mon con se réjouit de réunir en même temps celui de mon amie ; je nage dans la volupté, j'en suis inondée.

Il était temps, je crois, de se rincer, c'est ce que nous fîmes en passant dans un cabinet, et mes deux fouteuses voulurent faire la toilette de mon vit ; je me prêtai à leur fantaisie, et comme elles prolongeaient cette opération peut être à dessein, et que j'allais finir par bander ; afin d'avoir un peu de relâche, je m'arrachai de leurs mains, il eût fallut les foutre de nouveau ; et, ma foi, un vit d'acier n'eût pas été assez solide pour satisfaire ces deux insatiables.

Il était bien temps d'en finir, M. de Lafo... arriva, comme nous venions de rentrer dans le salon. Son épouse courut l'embrasser, lui fit mille questions sur sa santé, avec l'air du plus grand intérêt ; elle y joignit quelques tendres expressions. Croyez après cela à la franchise des femmes et surtout à leur fidélité.

Pauvres hommes! êtres trop crédules, mariez-vous donc! Vous êtes amans, on vous aime un peu; êtes-vous unis par le fatal sacrement, on vous déteste et vous devenez cocus: prenez votre mal en patience. M. de Lafo... se mit à table, fit honneur aux restes de notre déjeûner; il mangeait comme un ogre, et ce qu'il y avait de plus piquant, il s'était placé sur ma chaise, qui avait aussi soutenu et porté son épouse, lorsque nous foutions. O destinée! ô sainte crédulité du mariage! qu'il est heureux et prédestiné celui qui vous possède; M. de Lafo... en était doté au suprême dégré. Il me fit force complimens; il disait que le séjour du régiment dans le pays était une bonne fortune pour les habitans. Il est certain que la population devait en recevoir un accroissement très sensible.

Je n'étais pas fâché du retour du mari,

j'étais alors certain d'avoir un peu de calme; on n'oserait pas se livrer à la fou-terie, et ces deux dames ne m'inspiraient plus des désirs, j'en avais déjà par-dessus la tête.

Il vint de la société. Quelques-uns de nos camarades, au nombre desquels se trouvait de Til.., donnèrent des distrac-tions à nos dames. Il voulut, pour son compte, faire le galant, et fut assez mal reçu; il paraît qu'il s'était vanté d'être au mieux avec madame de Lafo..., et comme il fut en quelque sorte éconduit, cela lui valut quelques quolibets; il en prit de l'humeur, mais cela n'eut pas de suite. Il me prit à part, et me demanda s'il avait été question de lui; je répondis qu'on n'y avait pas pensé. Il fut très piqué de cette indifférence; il avait un excessif amour-propre, au point d'en paraître ri-dicule.

Tous les officiers du régiment étaient parfaitement reçus dans la maisou de ma-

dame de Lafo..., et ils y venaient sans
façon. Le comte Dul..., qui n'y était
point encore paru, s'y présenta. Ces dames qui l'avaient rencontré dans la société, lui surent gré de sa visite; il fit la
cour à madame de Lafo..., qui eut l'air
de l'écouter, et de Til.. parut mécontent,
ce qui donna à rire à ses dépens.

Un négociant de la ville, nommé Le-
prin.., et qui avait joint à son nom celui
de Clairsi..., vint rendre une visite. Il
donnait le bras à une dame que l'on nous
dit être sa maîtresse : elle était assez bien.
Pendant qu'il faisait la conversation et
qu'il visait à l'esprit, Dul... courtisait sa
dame, et elle lui donnait un rendez-vous
pour le lendemain; il nous en fit part.
Lorsque l'amant revint auprès de sa dul-
cinée, ce qui nous amusa beaucoup, ce
M. Lepr.... demanda de quoi il était
question : je le lui dis sans nommer les
masques, et il lâcha quelques mauvaises
plaisanteries sur les amans trompés, en

ajoutant qu'on ne le duperait pas ainsi : ce qui augmenta notre gaîté ; il tenait une fabrique de bougie, et il n'y voyait pas plus clair qu'un autre. Dul... nous promit de nous tenir au courant de son aventure amoureuse.

Nous en étions là, lorsque le comte Duranc... arriva, c'était un très aimable homme, capitaine au régiment, mais d'une grande susceptibilité ; il était très lié avec Dul..., qui aimait beaucoup à plaisanter.

On parla de femmes, de plaisirs, de parties fines, d'amour, de maîtresses. Ma foi, dit Dul.., je n'ai point des passions en titre, je vis sur le commun ; si je ne puis moissonner, je glane partout, et ce qui me tombe sous la main, me convient. Les comtesses, les marquises, les bourgeoises, les ouvrières, sont de bonne prise pour moi ; toute femme jeune et jolie a droit à mon hommage, et je me trouve très bien de cette heureuse diversité.

On se prépare des inquiétudes, des tourmens, des chagrins par un attachement exclusif, cela n'est bon que dans les romans.

Les avis étaient partagés, madame Dejo... dit à Dul..: Je crois, M. le comte, que votre parti est le plus faible. Le comte Duranc.... ajouta: Cela doit être, les coureurs de bonnes fortunes, les séducteurs, les Lovelaces, ne sont plus de saison. — Ah! mon cher Duranc..., reprit Dul..., tu défends ta propre cause, cela doit être, on connaît tes inclinations roturières ; mais sois tranquille, on n'ira pas sur tes brisées, personne ne songera à te couper l'herbe sous le pied.

Cela serait un peu difficile, car je ne fais la cour à personne. — Allons, allons, on sait à quoi s'en tenir; mais le véritable amour est discret, et je t'en fais mon compliment. Au reste, tu as raison, il n'y a pas de quoi se vanter. — Si j'avais une liaison avec quelqu'un, du moment qu'elle me plairait, je ne souffrirais qu'on se permit d'en parler. — Dis-tu cela pour moi? — Oui, si tu as eu l'intention de me faire une mauvaise plaisanterie, tu me connais assez pour savoir que je ne les aime pas. — Cela suffit. — Allons, messieurs, repris-je à l'instant, je connaissais les deux personnages, attacheriez-vous de l'importance à quelques expressions échappées au milieu de plaisanteries sans conséquence. Tout le monde s'écria: Ce serait une folie. Dul... et Duranc... ne firent aucune réflexion, on regarda cela comme terminé, et les dames parlèrent d'aller au jardin, tout le monde se leva et s'y rendit. Madame de Lafo... s'empara de Duranc..., en lui disant: M. le comte, c'est la première fois que vous me faites l'honneur de venir ici, je prends votre bras, vous serez mon cavalier.

Madame Dejo... en fit de même avec Dul..., et nous nous promenâmes dans le jardin. On ouvrit le pavillon, on lui rendit visite, et il me rappella d'agréables souvenirs.

Madame de Lafo... fit apporter des rafraîchissemens, et nous passâmes une soirée très agréable. L'heure de se retirer arriva, le comte Deranc... salua ces dames; remercia madame de Lafo... de ces gracieuses prevenances et partit: quelques personnes en firent autant.

Madame Dejo... m'avait fait signe, je fus lui parler, elle me dit à l'oreille: Tu me donneras le bras jusqu'à chez moi. Dul... lui observa, en riant, qu'il était jaloux, et qu'il ne fallait pas avoir de secrets avec moi. — Soyez tranquille, lui répondit-elle, je n'ai d'amour que pour vous. — A la bonne heure, cela me rassure, et les choses en restèrent là.

Le reste de la soirée se passa à rire et à plaisanter, M. de Lafo... qui avait besoin de repos, s'était retiré, nous restâmes seuls avec Dul..., qui sans paraître

y attacher beaucoup d'importance, poussait
vaille qui vaille, sa pointe avec madame
Dejo... Madame de Lafo..., de son
côté, me regardait, et ses yeux semblaient
me dire, eh quoi! ne pourrons-nous pas
nous trouver seuls un moment pour foutre, avant de nous séparer? Je le com-
pris, je passai dans le jardin, elle se rendit dans un autre appartement, et bientôt
elle vint me rejoindre dans le pavillon, et
sans perdre de temps mon vit lui fit goû-
ter les plus doux plaisirs. Ensuite ècou-
tant un peu la raison, elle me quitta; je
rentrai, elle se montra un instant après,
et me demanda d'où je venais, je répondis: du jardin, où je donnais audience à
mes pensées. Comme un amant malheureux, dit madame Dejo... — A peu
près. — A propos quel est donc l'objet
de votre amour? — Madame, permettez-
moi d'être discret et de me taire. Dul...
riait, il savait que la dame m'avait passé
entre les mains.

Je lui fis entendre par un signe qu'on attendait son départ ; il se leva et partit après les complimens d'usage. Il est fort aimable, le comte Dul..., pendant votre absence à l'un et à l'autre, il m'a galamment proposé de lui accorder un moment d'entretien, c'est-à-dire, de m'enfiler. Je l'ai remercié, sans me fâcher ; il s'y prenait avec une grace infinie et une politesse exquise. Vous êtes rentrés, sans cela, il eût fini par devenir audacieux. J'en ai été quitte pour la peur ; d'ailleurs, je voulais être fidèle.

Vous avez été plus heureux que moi. — Il ne tient qu'à vous d'en faire autant ; allons dans le jardin, je ferai sentinelle, il faut être bonne à quelque chose. Nous partîmes, dès que nous fûmes dans le pavillon, madame Dejo... se coucha sur le canapé, et se mit en batterie, elle me dit : Fous-moi vite, mon amour, j'en meurs d'envie ; je bandais et dans l'instant je fus en action : elle me rendait chaque coup de cul en soupirant, ses jambes étaient croisées sur mon dos et ses bras m'enlacèrent. Madame de Lafo... qui nous entendait s'approcha, et me prenant les couilles, elle me les pressait doucement, j'étais au dix-septième ciel, et je déchargeai avec ma fouteuse.

En revenant de son extase voluptueuse, elle s'écria: Ah! quelle félicité que de foutre, quelle douce agonie on éprouve! c'est ainsi qu'il faudrait mourir.

Elle ouvrit les bras et les jambes, alors je me retirai, et madame de Lafo... qui ne perdait pas la tête, m'empoigna le vit. Comme je bandais encore, sa main fit renaître toute ma vigueur; elle se laissa tomber sur le canapé, sans me lâcher et s'enfonça elle-même mon vit dans le con; je ne pouvais en conscience résister à cette invitation, et je tirai un second coup avec elle. Sans débander, tant j'étais en feu, elle se retourna et me dit, en riant: Fête donc aussi le voisin, tu as eu mon pucelage ; je l'enculai et l'enragée se branla, tandis que je lui déchargeais dans le cul.

Madame Dejo... nous dit quand nous eûmes terminé : C'est une variante que l'enculade ; mais nous ne goûtons pas le même plaisir que par le con, ce qui prouve que ce n'est pas naturel. — Tu as raison, ma belle amie, lui répondis-je ; mais la satiété fait naître de nouveaux désirs, et pour les satisfaire on s'égare dans une autre route. C'est ainsi que nous gamahuchons les femmes, et qu'elles nous sucent le vit, en nous chatouillant le prépuce avec la langue ; mais il faut bien aimer et bien connaître un homme, et une femme pour se livrer à ces sortes de plaisirs.

Nous te procurerons le plaisir de te suçer ton beau vit, la première fois que nous nous trouverons ensemble, ou si tu le veux, viens, je vais emboucher la flûte, dit madame Dejo... — Non, mon ange, ce sera pour une autre fois, il faut user de tout et n'abuser de rien.

Voilà de la philosophie, dirent les deux aimables femmes. Il est tard, il faut nous quitter, reprit madame de Lafo..., si mon mari n'était pas de retour, nous aurions pu passer encore la nuit ensemble; mais il n'y faut pas songer.

Allons, partons, nous] nous embrassâmes, et je conduisis madame Dejo... chez elle. Couche avec moi, me dit-elle, mon mari est absent. — Non, ma belle amie, soyons prudens. Elle sonna, on ouvrit, je la quittai. Je songeais en me rendant chez moi, que les femmes, quand la passion les égare, ne craignent nullement de se compromettre, ainsi que leur amant; nous devons donc résister à cet entraînement, qui a souvent les suites les plus funestes.

J'arrivai chez moi et je fus surpris d'y trouver Dul..., qui m'attendait. Qui t'amène ici, lui dis-je. — Tiens, lis. Je pris

un billet qu'il me présentait. Duranc ...
lui écrivit que se trouvant offensé de ce
qu'il lui avait dit dans la soirée, sur une
liaison qu'il lui supposait avoir avec une
femme, il lui en demandait raison ; qu'il
l'attendrait le lendemain, à six heures du
matin, sur la promenade hors de la ville :
qu'il était fâché d'en venir là avec un
homme qu'il croyait son ami ; mais qu'il
ne pouvait faire autrement.

Tu vois, mon ami, m'observa Dul...,
que je dois être exact au rendez-vous ?
tu me serviras de témoin, et pour que
nous ne soyons point obligés de courir
l'un après l'autre, je vais coucher ici, j'ai
eu soin de prendre mon épée.

Je lui dis : C'est un mal-entendu, je
sais que Duranc ... est très chatouilleux
sur le point d'honneur ; mais cette affaire
s'arrangera.

Je ne puis, ni ne dois rien dire, je ferai ce que voudra Duranc ...; mais c'est
à lui à proposer un accommodement, au-

quel je souscrirai, s'il ne blesse en rien ma délicatesse et mon honneur; j'ai ri, il se croit offensé, nos épées seront nos juges.

Le lendemain à cinq heures et demie du matin, nous étions sur le terrain. Duranc... arriva un instant après avec un officier du régiment; nous demandâmes qu'elle était la cause du combat. Dul... répondit: C'est Duranc... qui peut vous en instruire. Il dit: Je suis offensé, j'en demande raison. Eh bien! reprit Dul..., je suis prêt.

Ils mirent l'habit bas, furent bientôt en garde, Duranc... chargea vivement Dul..., qui le reçut de pied ferme, en parant vivement la botte qu'il voulait lui porter; il riposta et Duranc... tomba grièvement blessé dans la poitrine.

Nous le relevâmes, et après avoir bandé sa plaie avec nos mouchoirs, nous le con-duisîmes chez lui, en le soutenant. Sa demeure n'était pas très éloignée. Le chirurgien du régiment qui demeurait en face, vint sur-le-champ, il sonda la plaie, dit qu'elle pouvait être dangereuse ; il saigna le blessé, mit un premier appareil et nous nous retirâmes.

Cette affaire fit du bruit, ce malheureux évènement se répandit dans la ville. Le lieutenant-colonel qui commandait le régiment, mit Dul... aux arrêts ! il me fit venir ainsi que l'autre témoin. Nous lui rendîmes compte du combat ; il blâma les deux adversaires, et il eut raison ; car ce qui avait été dit de part et d'autre, n'était pas assez grave, pour que deux braves militaires s'exposassent à périr.

Chacun parla à sa manière de ce combat. Il fut convenu parmi ceux qui avaient connaissance du motif que l'on garderait le silence, afin de ne compromettre personne ; mais il transpira quelque chose, de là, des caquets comme cela arrive toujours. Duranc.... fut dangereusement malade, le coup avait été bien fourni.

Les secours de l'art auraient été inuti-
les et le blessé aurait succombé, si la
personne chez laquelle il demeurait, n'eût
sucé la plaie. Elle avait été la cause in-
nocente du malheureux combat, et elle
crût devoir donner cette preuve de dé-
vouement et même d'amour à Duranc...
Il faut long-tems malade et se rétablit
très difficilement.

Il exista ensuite une liaison plus intime entre lui et la demoiselle Her..., il
en résulta deux enfans, que Duranc....
reconnut et légitima. Il était riche, il donna
toute sa fortune à la mère et à ses deux
fils. Il mourut jeune ; sa blessure abréga
ses jours. La mère a élevé ses deux fils
avec soin, elle leur a donné de l'éducation, et a su mériter l'estime et la considération de tous les honnêtes gens.

Mais cette digression nous écarte de
notre sujet ; revenons à la fouterie. Le
Mans était devenu un vaste bordel ; toutes les femmes foutaient, il n'y en avait

pas une qui ne voulût tâter du vit d'un
dragon ; mais madame de Lafo..., madame Dejo... et la marquise de Br...,
étaient à la tête des fouteuses, les autres
rémuaient le cul modestement avec leurs
amans, sans courir après le renommée.

Les trois premières se disputaient le
beau Mers..., il les foutit les unes après
les autres, il était vigoureux ; elles auraient voulu pouvoir le renfermer pour
en jouir seules. Elles ne respiraient que
pour lui ; lorsqu'elles ne pouvaient foutre
avec lui, parce que souvent la marquise
de Br... l'accaparait, elles me recher-
chaient. Je faisais la sourde oreille, ne
voulant pas être leur pis-aller. D'ailleurs,
je les avais foutues tant de fois et de tant
de manières, que c'était pour moi l'histoire ancienne. Je foutais des bourgeoises,
des femmes d'avocats, de procureurs,
d'huissiers, d'ouvriers, de jeunes ouvrières ; je trouvais encore par-ici, par-là,
quelques pucelages ; la maîtresse du prince

de Clair... nous passa entre les mains.
Madame de Chât..... manoeuvra aussi
avec nous.

Notre colonel le comte de Lach...,
qui était habituellement à la cour, était
enfin venu rejoindre son régiment ; il avait
amené avec lui son épouse, assez jolie
femme, qui admettait les officiers du régiment à lui faire la cour.

Elle distingua les plus beaux, les mieux
tournés, et se permit des distractions pi-
nales avec eux. Son plus grand mérite
était d'être l'épouse du colonel ; mais
c'était beaucoup, car à bien le prendre,
ce n'était qu'une conasse, aux tétons flas-
ques, aux cuisses grêles, au cul mollasse ;
elle suça un peu le beau Mers..., mais
en secret.

Le colonel n'était plus qu'un bande-à-
l'aise ; il avait un château à quelque dis-
tance du Mans, et là il jouait le rôle d'un
petit prince, d'un grand seigneur. Il
singeait la cour, comme les valets copient

les airs impertinens de leurs maîtres ; c'était là tout son mérite. S'il n'eût pas été bien en cour et auprès de Monsieur, il n'eût obtenu aucune espèce de considération ; c'était un sot ennobli et décoré d'un beau titre, comme l'âne chargé de reliques.

Le séjour du comte de Lach... au Mans et dans son castel, établit une espèce de ligne de démarcation dans la société ; il n'admettait à sa table que la noblesse, encore il prenait des airs protecteurs, ce qui mécontentait beaucoup de gens riches et on le persifflait. Quant à sa chère moitié, elle tenait moins à l'étiquette et savait s'humaniser devant un vil bourgeois ou roturier.

Enfin ils annoncèrent leur départ pour Paris, on les demandait à la cour, et ils promirent leur protection aux badauds du Mans ; car il y en a partout de ces bonnes gens.

Le lieutenant-colonel Savonn... n'était

pas fâché que son supérieur s'éloignât,
sa présence le réduisait à zéro. Toujours
très épris de madame de Br..., il l'ob-
sédait et elle le recevait pour éviter d'a-
voir quelques observations à entendre de
la part de son mari, quoique très paci-
fique et très bon enfant; il aimait à observer les convenances ; mais Savonn...
pestait contre son heureux rival Mers....,
il en avait même parlé en termes désa-
vantageux au colonel, qui lui avait observé
que pourvu qu'il fit bien son service, il
pouvait courtiser les dames, leur plaire,
en être aimé; que c'était le lot d'un jeune
homme aimable et d'un beau cavalier,
Qu'il connaissait sa famille, qu'elle était
d'une bonne noblesse, très honorée dans
le pays qu'elle habitait, et que la rivalité
qui pourrait exister entre lui et Mers....
ne devait pas l'empêcher d'être juste.

Savonn..... fut très désappointé de la
réprimande, et sa haine s'augmenta avec
sa jalousie. Mers.... sans le narguer

allait toujours son train ; ils se rencon-
traient chez madame de Br.., et Savonn....
lui avait fait connaître qu'il était au mieux
avec mesdames de Lafo... et Dejo....

Il a raison, avait-elle répondu, elles
sont aimables et jolies. Au reste, cela
ne lui nuira point dans mon esprit, et si
vous m'en parlez dans cette intention,
vous ne réussirez pas.

Mers.... était instruit de la conduite
déloyale de son chef, et ne pouvait rien
dire; s'il eût été d'un grade égal au sien,
son épée lui en eût fait justice. Il était
aussi brave que bon tireur; mais la su-
bordination exigeait qu'il se modérât:
vingt fois il avait eu l'intention de quitter le service pour corriger Savonn.....;
ses amis l'en avaient détourné.

Il foutait assez souvent mesdames de
Lafo... et Dejo...; mais il leur préfè-
rait madame de Br.., qu'il possédait seul,
qui ne voyait que lui dans l'univers, et
qui lui sacrifiait tout le monde, même la

société qu'elle aimait beaucoup, pour passer son temps et des heures délicieuses
avec son cher Mers....

Elle pouvait ainsi satisfaire son coeur
et ses sens, elle mettait de la coquetterie
à lui plaire et ne négligeait rien pour varier ses plaisirs ; elle avait de l'esprit et
c'était chaque jour une femme nouvelle ;
c'est ainsi qu'elle enchaînait son amant.
Heureuse la femme qui possède ces talens
et ces qualités précieuses, plus heureux
encore mille fois l'homme qui la presse
dans ses bras.

> Qui peut à chaque instant du jour,
> La foutre et lui parler d'amour.

Le colonel partit, il vit Mers.... avant
de monter en voiture et lui donna des
conseils en l'engageant à ne pas heurter
de front Savonn..... qui allait comman-
der le régiment, et il lui souhaita plaisir
et succès.

Il avait eu un moment d'audience de

madame, pendant que le mari recevait les adieux de plusieurs personnes; il l'avait foutue et elle lui avait promis de s'occuper de son avancement. Elle avait du crédit; les femmes en France sont le canal du plaisir et des faveurs de la fortune.

Dès qu'ils eurent quitté le Mans, Savonn..... chercha tous les moyens de contrarier Mers.... Madame de Br.. le voyait chaque jour, si elle sortait il lui donnait le bras; il la conduisait au spectacle; était-il de service, elle passait plusieurs fois dans la journée devant le poste qu'il occupait, et sa porte était fermée à tout le monde. Elle lui faisait porter à dîner; Savonn..... faisait épier toutes ses démarches et les renseignemens qu'on lui donnait, augmentaient encore sa jalousie, sa colère et sa rage.

Cette conduite était bien digne d'un être aussi nul sous tous les rapports; jamais homme n'eut moins de ces qualités qui caractérisent les militaires français. On ne lui connaissait ni franchise, ni loyauté, il devait tout ce qu'il était à la faveur et à cette générosité malentendue et capricieuse, qui est le propre de presque tous les princes. Il était devenu le point de mire de presque tous les quolibets ; il ressemblait à un mât de cocagne, sur lequel on aurait collé un habit d'uniforme.

Il avait près de six pieds de haut, sa fille aînée lui ressemblait, on les eût pris pour un duo de girafes ; son épouse était petite et bossue : sa jeune fille était moins disgraciée de la nature. Somme totale, c'était une réunion des moules à carricatures.

On s'attendait bien dans le régiment que la rivalité de Savonn..... et de Mers.... finirait par quelque abus d'autorité du premier ; les habitans du Mans le regardaient comme un pantin, il n'osait s'en plaindre, on lui eût ri au nez.

Madame de Br.. et son jeune amant continuaient à passer des jours filés d'or.

Mers.... en foutant d'autres femmes cédait à l'entraînement de la jeunesse, à la fougue des passions, à la vivacité des sens ; mais le coeur et l'amour n'y étaient pour rien, il ne les retrouvait que dans les bras de madame de Br.., qui lui disait : C'est toi seul que j'aime en toi, et lorsque je meurs d'amour et de volupté, inondée de ton foutre brûlant, je me crois transportée dans un monde idéal, ultra-céleste, divinisation qui n'existe que dans mon âme, et que le créateur sublime du globe n'a même pas eu le pouvoir de former.

C'est ainsi qu'ils se noyaient eux-mêmes dans l'abyme de leurs sensations foutromaniques, et ils trouvaient mille délices à s'égarer dans ce dédale incompréhensible, dont le prépuce et le clitoris mis en action, donnent encore une faible idée ; c'est un chaos de bonheur, qui se porte à l'âme, qu'elle sent, mais qu'elle ne peut définir.

Ils passaient des heures ensemble, des demi-jours ; mais il manquait à leur félicité d'avoir vu finir le jour et s'écouler une nuit entière au sein de ce calme heureux, qui précède le sommeil, après avoir senti le corps d'une amante, embrasser toutes les parties de celui de son amant par le plus doux contact, lorsque tous les voiles sont tombés et que les appas les plus secrets s'offrent à vos regards, comme la brillante étoile qui scintille au milieu du firmament.

Enfin cette nuit heureuse arrivait pour eux ; ils pourraient foutre, décharger, sans craindre d'être importunés par la crainte. L'époux était loin, des affaires importantes l'avaient conduit dans d'autres lieux, des domestiques seuls étaient auprès de la marquise. Elle croyait pouvoir compter sur leur fidélité ; d'ailleurs, ils ignoraient quand et comment Mers . . . pénétrait auprès de leur maîtresse : une petite porte qui donnait sur une rue détournée s'ouvrait pour lui ; elle seule avait la clé, elle seule connaissait le secret de la faire mouvoir, pour faire arriver près d'elle un amant adoré et qui lui paraissait si digne de l'être. Mers . . . . se rendit comme à l'ordinaire chez madame de Br.., ils dînèrent ensemble ; vers la fin du jour, il quitta le salon, au moment où les domestiques prenaient leur repas, et il se réfugia dans le cabinet des bains, pour sortir ensuite par la porte secrète, dont son amante lui donna la clé, en lui montrant à s'en servir, pour sortir et rentrer à l'heure indiquée. Ils avaient cru devoir prendre cette funeste précaution.

A peine il était sorti, madame de Br.. était seule, son coeur palpitait d'espérance et de bonheur, en attendant l'heure fortunée qui lui rendrait son amant. Tout-à-coup un domestique vint annoncer

Savonn..... — Que veut-il? j'avais défendu qu'on laissât pénétrer jusqu'à moi
aucune personne étrangère. — Madame,
c'est Jacques qui lui a dit que vous étiez
chez vous. — Il a eu tort, faites entrer,
et l'importun parut : elle le reçut fort mal.
Il salua : Madame, je suis peut-être importun. — Si vous le croyez, pourquoi
venir. — Tout le monde n'est pas aussi
malheureux. — Cela peut être. — Le beau
Mers.... en donnerait des nouvelles. —
Cela me regarde. — Il existe des jaloux. — Ce n'est pas vous qui avez le
droit de l'être. — Je puis le prendre: —
M. de Sav...., vous abusez de ce que
je suis seule, pour vous permettre des
impertinences, je pourrais appeler mes
gens, et vous prier en même temps de
sortir. — Faites un éclat, c'est ce que je
désire, je puis vous perdre. — Quelle
lâcheté dans un militaire. — Cédez à mon
amour. — Jamais. On entendit un peu
de bruit, c'était Mers.... qui entrait, le

bruit cessa. Madame de Br.. devint tremblante ; mais reprenant courage, elle répéta : Jamais vous n'obtiendrez rien de moi, sortez. Il s'approcha d'elle et la prit dans ses bras, elle cria : Au secours ! — On ne peut vous entendre, je vais tout oser, et vous serez à moi. Elle cria de nouveau : au secours ! Au même instant la porte du fond s'ouvre avec fracas et Mers.... paraît. Quoi, monsieur, dit-il, à Mers.... — Vous voulez faire violence à madame et chez elle, je ne le souffrirai pas. — Retirez-vous, jeune homme, je vous l'ordonne, obéissez à votre chef. — Vous ne l'êtes pas ici. Il leva la main, Mers.... mit la sienne sur la garde de son épée. — Vous abusez de votre autorité ; vous n'êtes qu'un lâche, et n'avez de courage que pour insulter un sexe faible et respectable, que vous devriez protéger. Vous êtes bien heureux que je n'oublie pas que vous êtes chez madame, sans cela j'aurais déjà vengé son injure et celles dont vous m'abreuvez depuis longtemps. — Malheureux, vous vous perdez, s'écria madame de Br.. — Vous me menacez, jeune audacieux; sortez! et rendez-vous aux arrêts. — Quittez ces lieux, et je vous suis. Madame de Br.. sonna, un domestique parut; il faisait nuit. Elle lui dit: Eclairez ces messieurs, et s'adressant à Mers...., elle lui prit la main et lui dit: Soyez plus calme, je vous en prie; vous voyez qu'il ne s'est rien passé dont j'aie trop à me plaindre. Adieu, nous nous reverrons: ils sortirent. Lorsqu'ils furent dans la rue, Mers.... dit à Savonn...... Vous abusez de votre autorité, je rentre chez moi; vous êtes mon chef, mais j'aurai des amis, des protecteurs. — Nous verrons, repliqua l'autre. — Quoi! vous portez une épée et vous souffrez qu'on vous traite de lâche; vengez-vous donc en brave! — Les lois me vengeront. — C'est la ressource des poltrons. — Elles châtient insolens. — Et sont la sauve-garde de vos pareils, adieu. Mers.... quitta son persécuteur et vint chez madame Lafo..., je m'y trouvais, il ne pût cacher sa colère et sa fureur, elles se peignaient dans tous ses traits. Il nous conta sa funeste aventure sans omettre aucun détail; nous étions seuls, la bassesse de Savonn...... nous fit horreur. Je dis à Mers...., cet homme peut te faire beaucoup de mal. — Je le sais. — Il faut le ménager pour madame de Br.. — Il m'a ordonné les arrêts. — Il faut s'y rendre et commencer par obéir. — Je resterai chez moi; je l'ai traité de lâche deux fois; j'aurais voulu qu'il eût mis l'épée à la main, je n'aurais plus rien à craindre de lui: j'ai été tenté de lui donner un soufflet. — Il l'eût reçu, mon ami, et ton affaire serait mille fois plus mauvaise; des propos peuvent se nier. Au reste, nous verrons. Sa figure était toute décomposée, madame de Lafo... se leva, l'embrassa et s'écria en pleurant:

Comme il est changé. — Allons, allons, dis-je à mon tour, cela ne sera rien. — Ce qui m'inquiète, ajouta Mers...., c'est madame de Br..; vous devez penser quelle sensation pénible et cruelle elle a éprouvée. Elle était d'une pâleur mortelle, Savonn..... avait voulu lui faire violence, elle a crié au secours, sans cela, je ne me fusse pas montré. Au reste, j'ai fait mon devoir; j'aurais du tuer le scélérat et le jeter ensuite par la fenêtre, il le méritait.

Calme-toi, mon ami, lui dis-je encore, quinze jours d'arrêts arrangeront ton affaire, et tout sera fini. — Ah! ce grand flandrin est vindicatif. — Si le colonel était encore ici, il n'oserait se plaindre, le comte de Lach.... ne l'aime pas. Au reste, nous verrons.

Madame de Lafo .. regardait Mers.... elle lui prenait les mains, le consolait. Je la devinais, elle eût voulut foutre; les femmes oublient les plus grands chagrins

pour un coup de cul, et Mers.... ne
songeait qu'à madame de Br.. Il eût dé-
siré la voir ; mais il ne pouvait se présenter chez elle; il était trop tard. Ensuite
les domestiques qui savaient maintenant
ce qu'il en était, auraient jasé, et il fallait éviter les propos.

Mers.... se disposait à rentrer chez
lui, madame de Lafo... voyant qu'elle ne
pourrait en tirer parti, me proposa de
l'accompagner jusqu'à sa demeure. J'y
consentis, et je me doutai que la corvée
me reviendrait.

Nous partîmes, nous le laissâmes à sa
porte et nous retournâmes chez la dame.
J'allais la quitter. Entrons un moment,
me dit-elle, j'obéis. Elle me parla de
nouveau de l'affaire de Mers.... pour
savoir ce que j'en pensais. Je répondis
que cela pouvait devenir très sérieux, en
raison des injures et du grade des parties
intéressées. Attendons à demain, pour
savoir à quoi nous en tenir.

Faisons nous un tour de jardin, me dit la dame? — Oui, et nous nous mettons en marche ; j'affectais de ne pas me diriger vers le pavillon, pour voir ce qu'elle dirait. Elle m'y conduisit et s'assied sur le canapé ; une fois placée sur le champ de bataille, elle chercha les armes pour combattre et en trouva.

Ton vit est moins récalcitrant que toi, me dit-elle, en riant, tu n'avais pas envie de venir ici.— Autant que toi, mon ange, répliquai-je à mon tour; mais je voulais te taquiner. — Ah! je vais m'en venger, en même temps elle se plaça sur moi et s'enfila; elle se chargea de toute la besogne. Je reconnus que cette manière de foutre n'était pas sans agrémens, et elle fut de mon avis. C'est une justice qu'il faut lui rendre, elle s'y connaissait.

En nous félicitant de notre bonheur, elle me dit: Si tu m'en crois, mon ami, nous passerons la nuit ici ; mon mari est couché, il ne viendra pas nous déranger.

les domestiques sont aveugles. Au reste, peu m'importe, j'ai pris mon parti et je suis la maîtresse.

Etant ensemble, nous chasserons les idées sombres et tristes qui pourraient nous affliger, et de tendres intermèdes nous offriront, en outre, d'agréables distractions.

Après avoir terminé ce prône amoureux, elle m'embrassa et je le lui rendis. Elle était penchée sur moi, je sentais les palpitations de son coeur; ma main se promenait légèrement sur une gorge ferme et potelée. En vérité, je rendais grâce à mon destin et à mon heureuse inconstance; je n'avais aucune passion pour les femmes en particulier. Je les aimais toutes, et la seconde qui s'offrait à mes yeux me faisait oublier la première; ainsi s'écoulaient mes jours. Nous parlâmes de Mers...., il nous intéressait, moi par amitié, et madame de Lafo... parce qu'il la foutait. Je lui avais promis de me rendre chez lui de très bonne heure, et j'avais l'intention de tenir parole.

Tout en jasant, le sommeil vint nous surprendre, et nous prîmes le parti de jouir de ses bienfaits, en nous promettant que celui qui se réveillerait le premier embrasserait l'autre, nous nous endormîmes.

L'aurore vint annoncer le jour ; les oiseaux qui peuplaient le jardin, la saluèrent de leurs chants, me tirèrent de mon assoupissement. J'embrassai ma dormeuse, elle ouvrit les yeux en souriant et me donna un baiser, en me serrant dans ses bras : soudain un feu électrique pénétra dans mes veines, enflamma mon coeur et se glissant dans mon vit, je bandai. Ah ! mon ami, quel doux présage, me dit madame de Lafo...., qui regardait la protubérance toujours croissante de mon pantalon ; qu'as-tu donc là, mon cher amour, elle y mit la main, et sentant mon vit, elle ajouta : Il veut me souhaiter le bonjour. Elle le mit au grand air, et se plaçant sur moi comme la veille, elle eût bientôt caché la lame dans le foureau ; puis se mettant en mouvement, sa langue vint trouver la mienne, et soudain nous sentîmes couler ce torrent de délices, doux présent de la nature, qui seul charme notre existence, en est le trésor et la richesse.

Elle restait clouée sur moi sans bouger et me couvrait des baisers. Tiens, me dit-elle, je vais te faire un aveu que m'arrachent la vérité et la franchise : de tous les hommes que j'ai connus ; tu es bien le plus aimable et celui qui mérite le plus d'être aimé.

Tu finiras par triompher de mon inconstance. Je me mis à rire. — Pourquoi ce rire qui semble naître de l'ironie. — Pourquoi ! eh bien ! je vais être aussi franc que toi, et je te dirai, tu m'aimes, parce que je bande ; si je te ratais, par hasard, ou par malheur, tu me planterais là pour reverdir et mon triomphe s'évanouirait. — Non, mon ami, j'en fais serment. — Ma belle, ne jurons de rien, souviens-toi du billet de Ninon; vous en souscririez à chaque instant de pareils, sans faire honneur à votre signature.

Il fait grand jour, il faut se quitter, l'amour et le plaisir ne doivent point faire oublier les malheureux, au revoir. — Mais je bande encore, allons, au dernier les bons; tourne toi, je vais te foutre en levrette: elle fit volte-face et je la bourrai ferme, elle déchargea et j'en fis autant. Je voyais le trou de son cul, cela me séduisit, je retirai mon vit de chez le voisin et je lui donnai un clistère de Barbarie; mais comme elle n'aurait pas éprouvé la même jouissance que moi, je passai ma main par-devant et je la branlai, alors après quelques coups de cul, je lui inondai le rectum de foutre, et elle me déchargea sur la main.

Ah! mon ami, s'écria-t-elle, c'est trop

de bonheur dans un moment pour en être privée de suite, et peut-être pour longtemps.

Je réparai promptement le désordre de ma toilette, et je partis en sortant par la petite porte du jardin. J'arrivai chez Mers...., il était déjà levé et paraissait chagrin ; il fut satisfait de me voir, il écrivait comme j'entrais. Il me dit : J'annonçais mon aventure à mon père, et je l'engage à voir le colonel ; je vais terminer ma lettre, tu la mettras à la poste. Il l'eût bientôt achevée et me la donna, en ajoutant : Tu la liras, ensuite, tu auras soin de la fermer. Son père habitait Paris. Il me parla ensuite de madame de Br.., il était désespéré de la voir compromise. Savonn....., disait-il, profitera de tous ses avantages pour la tourmenter ; je vais donner ma démission, quitter le corps, et lorsque je serai rentré dans la société, nous nous battrons, je le tuerai. S'il refuse de me rendre raison, je le ferai périr sous le bâton.

Nous en étions là, lorsqu'on frappa à la porte, il ouvrit et nous vîmes les deux adjudans du régiment, qui se présentèrent chapeau bas, en nous saluant. L'un d'eux dit à Mers...., je suis chargé par M. le lieutenant-colonel du régiment, de vous remettre cette lettre.

Il l'ouvrit et lut tout haut et d'une voix calme : „M. le chevalier de Mers.... sous-lieutenant au régiment de Monsieur dragons, se rendra à la prison de la ville pour y tenir les arrêts forcés, il y sera conduit par les deux adjudans du régiment, qui ordonneront au concierge de ladite prison de ne le laisser communiquer avec personne, sans une permission signée de ma main. Le lieutenant-colonel Savonn.....“

Il haussa les épaules avec un sourire dédaigneux, qui exprimait le mépris et dit aux adjudans : Messieurs, dans un instant, je vous suis. Il mit sa redingotte, prit son bonnet de police, sa bourse, passa un moment dans son cabinet, revint et dit: Partons. Nous sortîmes, il ferma la porte de sa chambre, me donna la clé. Si j'ai besoin de quelque chose, me dit-il, tu me l'enverras, je t'écrirai; viens avec moi jusqu'à la prison.

Quand nous fûmes dans la rue, les adjudans marchèrent près de nous sans affectation; ils paraissaient affligés de remplir une pareille commission. Nous rencontrâmes peu de monde, il était matin.

Nous arrivâmes bientôt à la prison, Mers.... frappa, le concierge vint nous ouvrir; il parut surpris de nous voir. Nous entrâmes, la porte se referma et il nous demanda tête nue ce que nous désirions. L'adjudant lui remit un ordre, qui était une copie de la lettre, il le lut, alors il nous présenta des siéges, et dit à Mers....: Monsieur, je vais vous donner une chambre, si vous voulez avoir la bonté de me suivre.

Il nous fit monter et nous entrâmes

dans une petite chambre, dont la fenêtre garnie de barreaux de fer, donnait sur la rue. Elle était assez propre, Mers.... dit en souriant : Me voilà en cage comme un oiseau. Préparez-nous à déjeûner, dit-il, au concierge. Monsieur, observa l'adjudant qui avait déjà parlé, il nous est expressément défendu de rien accepter et même de rester avec vous, lorsque nous aurons rempli notre mission, sous peine de punition. Nous devons encore nous assurer que vous êtes seul dans votre chambre, pour en rendre compte au lieutenant-colonel. — Vous devez obéir, dit Mers.... — Et moi je sors, observai-je à mon tour. Nous nous embrassâmes et je partis. Quand nous fûmes dans la rue, nous l'apperçumes à la croisée, il nous fit un signe affectueux de la main, que nous lui rendîmes et nous nous éloignâmes.

Cette conduit de Savonn..... me parut aussi étrange que cruelle ; j'y reconnus son caractère haineux et vindicatif. Je quittai les adjudans et je retournai chez madame de Lafo..., je la trouvai dans son salon, enfoncée dans une bergère. Eh bien! s'écria-t-elle, en me voyant, qu'allez-vous m'apprendre. Je lui racontai tout ce qui s'était passé; elle en fut outrée et traita Savonn..... comme il le méritait. Si j'étais homme je le tuerais, ce gredin là, s'écria-t-elle. Madame Dejo... arriva, ce fut un nouveau concert d'imprécations contre lui.

Dul... et Til.. parurent, ils avaient appris l'aventure; mais sans en connaître les détails. Je leur en fis part, ainsi que de l'emprisonnement. Ah! c'est odiéux! c'est abominable! Quel abus de pouvoir, il mériterait d'être assommé.

Il poussera les choses aussi loin qu'il pourra, dis-je à mon tour, quoique tout cela se soit passé hors du service. Ensuite il va se venger des dédains et des mépris de madame de Br..; peut être même lui fera-t-il des conditions. Si c'était moi, dit madame Dejo..., je le laisserais venir et je le poignarderais. Je le vois quelquefois, il me parle ; qu'il y vienne, je l'arrangerai de la belle manière. J'irai ce soir tout exprès chez M. de Lorc...., et il verra beau jeu, le grand échalas à la mine fade. Pauvre Mers...., comme il va s'ennuyer.

Je leur annonçai qu'il ne pouvait recevoir personne, sans la permission du colonel, et les dames renchérirent encore sur leurs imprécations.

Un adjudant qui cherchait tous les officiers, vint nous avertir, qu'il fallait se rendre sur-le-champ chez Savonn...., nous y courûmes.

Dès qu'il nous vit tous réunis, il nous annonça d'un air sévère, qu'il avait été insulté, ménacé et provoqué par Mers...., que la loi ordonnait de faire une enquête contre le coupable, d'assembler un conseil de guerre pour le juger, et qu'il allait remplir les formalités voulues par la loi. Il chargea le major, qui était depuis peu au régiment, d'aller dans la prison faire subir un interrogatoire à Mers....; de se faire accompagner par un maréchal-de-logis chef, qui écrirait l'interrogatoire, et de lire les ordonnances militaires au prisonnier.

Un officier, qui n'aimait pas Savonn.... lui demanda quels étaient les motifs d'une aussi grande sévérité ; nous devons au moins les connaître. Savonn..... surpris, répondit avec hauteur : On les déduira au conseil de guerre. En ce cas, repondit l'officier avec fermeté, il était inutile de nous réunir pour nous annoncer une punition, sans en indiquer la cause ; la loi et la justice réprouvent une telle conduite.

Savonn..... ne répondit rien, on vit qu'il était très embarrassé, il se tourna vers le major et lui recommanda de remplir sans délai sa mission.

Savonn.... nous dit: Messieurs, vous pouvez vous retirer. Il lança un regard foudroyant à celui qui avait parlé, qui n'eut pas l'air d'y faire attention : tout le corps des officiers murmurait hautement de la conduite de Savonn..... Dès que les habitans de la ville furent instruits de cet acte de rigueur, ils crièrent après Savonn..... qu'ils n'aimaient pas, il fut hué dans les rues.

Il osa se présenter chez madame de Br.. Elle savait ce qui s'était passé et elle était furieuse. On l'annonça, en le voyant elle sut se contenir; il lui fit part des moyens qu'il allait employer pour punir Mers...., qui l'avait insulté et ménacé. Je puis tout oublier, cela dépend de vous, répondez à mon amour et sa prison va s'ouvrir. — Je serais la plus méprisable des femmes, si je répondais comme vous le désirez : vous êtes le plus vil et le plus lâche des hommes ; sortez d'ici. Il s'avança vers elle d'un air menaçant, elle prit un flambeau sur sa cheminée et le lui lança à la figure; elle sonna vivement, deux domestiques parurent. Elle leur dit : Mettez-moi cet insolent à la porte, et s'il veut faire résistance, jetez-le pardessus la rampe de l'escalier.

Savonn..... avait été blessé à la figure par le coup du chandelier, le sang coulait; il l'étanchait avec son mouchoir et disait, furieux: Vous vous souviendrez de cette action. Sors, scélérat, où je recommence; tu n'es même pas digne de mourir de la main d'une femme, et elle dit de nouveau à ses domestiques: Délivrez moi donc de cet infâme ! et il sortit en menaçant.

Quelques personnes le virent s'éloigner avec son mouchoir sanglant. Les domestiques parlèrent, on se moqua de lui; il se réfugia dans une maison où l'on voulut bien le recevoir.

Dès que l'on fut instruit de la conduite

de madame de Br.., on en fit l'éloge,
Pour elle, cette célébrité ne pouvait lui
plaire, elle avait vu son bonheur détruit
dans un instant.

Le major interrogea Mers...., il lui
communiqua les ordonnances militaires, il
pouvait être condamné à mort, ou à une
prison perpétuelle, comme ayant provoqué et ménacé son chef.

Seul, isolé, en butte à la persécution
d'un homme haineux et vindicatif, loin de
tout ce qu'il aimait; sans espérance de
revoir madame de Br.. qui allait se voir
exposée à la colère de son époux, à la
médisance et même à la calomnie. Il vit
que la mort seule pouvait mettre un terme
à tant de maux.

Il saisit un pistolet qu'il avait mis dans
sa poche, lorsqu'il était entré dans son
cabinet, avant de sortir pour se rendre
en prison, et se brûla la cervelle.

Le concierge accourut au bruit de l'ex-
plosion, il entra dans la chambre, et

trouva le jeune et infortuné Mers . . . . .
étendu sur le plancher; il avait déjà rendu
le dernier soupir.

Cet évènement funeste se répandit sur-
le-champ dans la ville; tout le monde
plaignit la victime du lâche Savonn . . . . .

Madame de Br.. instruite de la mort
de celui qu'elle adorait, ne dit pas un
mot à ceux qui lui en parlèrent. Restée
seule, elle s'écria: Il est mort pour moi,
soyons-lui fidèle, allons le rejoindre ; rien
ne pourra plus nous séparer.

Elle se fit préparer un bain, se mit de-
dans, dit à sa femme de chambre de se
retirer; qu'elle sonnerait lorsqu'elle aurait besoin d'elle.

Puis ouvrant une petite boîte qu'elle
avait dans la main, elle avala une poudre
qui s'y trouvait renfermée. Un instant
après elle fut suffoquée, elle tomba dans
la baignoire et rendit l'âme.

La femme de chambre n'entendant point
sonner et craignant qu'il ne fût arrivé

un accident à sa maîtresse, entra dans le cabinet du bain, et vit madame de Br.. noyée dans sa baignoire : elle la souleva, appella du secours, on accourut, et ce fut un cadavre que l'on retira.

Les médecins vinrent, on ouvrit le corps, on reconnut les traces et les effets du poison, qui avait causé un étourdissement, une congestion cérébrale et la mort. Ces malheurs réunis firent une très vive impression sur tout le monde.

On déplora le sort des deux amans, Savonn..... fut obligé de quitter la ville, ensuite le régiment, et comme il était protégé, il entra dans les gardes-du-corps.

M. de Br.. garda le silence sur tous ces évènemens, il vendit sa maison et se retira à la campagne. Mesdames Dejo.... et de Lafo... pleurèrent Mers...., il fut regretté de tous ses camarades. Les amours furent en deuil pendant quelques jours, on ne foutait plus ; mais comme il n'y a point de douleurs éternelles, les choses reprirént bientôt leurs cours.. Les hommes bandèrent, les femmes ressentirent des démangeaisons à leurs cons : pour calmer tout cela, on foutit de plus belle.

M. le comte de Lach .... obtint que son régiment changerait de garnison, cela était devenu nécessaire, indispensable même.

Nous quittâmes le Mans, on nous regretta, du moins on le dit. Nous y laissâmes bon nombre de cocus et d'enfans, pour qu'on gardât notre souvenir.

Un autre régiment vint nous remplacer dans la ville, les cons retrouvèrent des vits : les nouveaux firent oublier les anciens, ainsi va le monde. Nous succédâmes de même à d'autres, et voilà LES AMOURS DE GARNISON.

Je revins au Mans plusieurs années après, les choses avaient bien changé de face. On ne parlait plus du régiment de Monsieur ; madame Dejo.... était morte pour avoir trop foutu ; mesdames Jan.... et Devill.... avaient également passé dans l'autre monde, après avoir fait autant que possible usage de leurs appas. Il ne restait des demoiselles de Lorch... que Mlle. Desams..., devenue madame de Granv... Ayant épousé un capitaine de dragons du régiment de Chartres, qui portait ce nom ; quoique très fidèle à son mari, elle avait voulu instruire et faire l'éducation du jeune Sainte-Col...., sous-lieutenant dans la compagnie de son mari : elle lui avait donné la première leçon de fouterie, et elle l'avait longtemps conservé, enfin il s'était émancipée.

Madame de Lafo ... existait toujours, elle avait pris de l'embonpoint, et avait pour tenant M. Desams... et pour amant le jeune Labo.... Elle foutait a d t u r-num avec eux : le premier par raison, le second par amour. Nous eûmes ensemble deux ou trois passades, elle allait encore assez bien pour une vieille monture ; mais tout était flasque et large, heureusement j'étais très fortement constitué et je remplissais l'immensité du vide. Je vis que les dames du Mans, de toutes les classes, étaient atteintes d'une espèce de fureur utérine.

Madame de Lafo... avait une belle-sœur, nommée madame la marquise de Lin...., espèce de v i r a g o maigre, sêche, laide, mais avec le tempérament de Messaline. Elle foutait avec tout le monde pour se distraire ; mais son amant intime fut longtemps un chirurgien qui s'épuisait à limer le con de cette mégère ; elle lui donna pour successeur un jeune homme qu'elle a épuisé après l'avoir épousé.

Il est mort : maintenant elle habite Paris, et ne trouvant plus d'homme assez courageux pour l'enfiler, elle se branle avec un godmiché, ou se fait foutre par un laquais a d h o c, qui outre ses gages, reçoit une prime de dix francs, chaque fois qu'il f o u r g o n n e le vaste et antique con de la dame.

FIN.